改革する思考

原 晋
青山学院大学
陸上競技部監督

KADOKAWA

はじめに

2020年。

おそらく歴史の教科書には、「新型コロナウイルスの感染拡大により、日本を含めた全世界が混沌に陥った」と記されることになるでしょう。

そしてこの本を書いている時点では、日本での感染は一定の落ち着きを見せているものの、2021年、2022年になにが起きるかさえ予見できません。それほど予測不可能な、混沌とした時代に私たちは生きています。

新型コロナウイルスの問題では政治、医療、そして経済の分野で世界中の指導者のリーダーシップが問われましたが、それは国家元首に限った話ではありませんでした。会社の経営者、学校の先生、そしてスポーツの指導者も組織の舵取りをどうすべきなのかを問われ、そしてこれからも問われ続けるだろうと思います。

私も同じように2020年の3月から、青山学院大学陸上競技部をどのように運営していくのか何度か岐路に立たされました。

最初の影響は2月から出始めました。3月8日に予定されていた「立川ハーフ」として知られる日本学生ハーフマラソン選手権が中止に。これはロードシーズンの締めくくりともいえる大会で、青学、関東の大学生のみならず、全国の学生が目標とする大会です。この大きな大会がなくなったことで、いよいよ学生たちのモチベーションの維持が難しくなってきました。

そのあとも悪いニュースが続きました。感染が全国に拡大していき、4月に入ってからは緊急事態宣言が出されます。

身近なところでは、立川ハーフの中止に続き、3月の後半からはあらゆる競技会、記録会が中止となっていきます。公認記録が得られませんから、学生たちは成長の証を手に入れることができません。これはつらいことです。

そして、日本陸連から6月までのすべての大会の中止・延期が求められ、日本選手権は延期となり、インターハイ、全国中学校体育大会までが史上初めて中止となりました。

関東の学生たちにとっては、初夏のトラックシーズン最大の目標である関東インカレの「5月開催中止」も決まってしまい、学生、特に4年生にとっては厳しい状態に追い込まれていきました。

先が見通せない状況下で、学生たちは当然、

「今年は大会ができるんだろうか？」

と疑問に思っていたはずです。インカレが中止になった。このままでは秋から始まる駅伝も……。残念なことに、その時点で私はそれに対する答えを持ち合わせていませんでした。

試合がない状態では、強化現場を預かる身として、先を見通した計画はなかなか立てづらいというのが本音です。すべてが「あるかもしれない」という前提で考えなければなりませんから。言葉に信憑性を持たせられないのです。

この前提に立って練習を続けるのは、時間が限られている学生諸君にとって、とても酷なことです。それでも、彼らの時間を少しでも充実したものにしたい。監督の私としては、大会が開かれるとなったときにどんなコンディションでレースに臨めるのか、学生たちに問い続けました。

「陸上は積み重ねの競技だってことはみんながいちばん感じていると思う。だからこそ、いまできることを淡々とやっていくしかないよね」

なんとか私の気持ちが伝わってくれないか、と願いつつ——。陸上競技の選手だけでな

く、すべてのスポーツにおいて、大会がなく、目標が見えない状態ではモチベーションの維持は難しい。だからこそ、私はSNSを通じてあらゆる大会の開催のために、大人は最善の努力をすべきだと伝え続けました。

ルール、大会の規則を変えたっていいじゃないか。大会を開くことが、選手たち、学生たちの「目標」を与えることになるのだから――。私から見れば、3月から5月にかけ、日本中の大人は「やる理由」を探すことなく、「やらない理由」ばかりを探しているように見えました（実を言うと、そうした状況がこの本を書くモチベーションになりました）。

この不安定な時期、その人の「素」が見えたんじゃないでしょうか

大会の開催が見えないなか、私は学生に酷なことを要求していたのかもしれません。いつ、青山学院の看板を背負って走るか分からないのだから、それを自覚して日々、活動に取り組んで欲しい。

この時期、私には発見がありました。非常時になると、人間としての「素」が見えてくるのです。

学生たちを観察していると、気持ちの面で逃げだしそうになっている人間もいる。一方で、先を見通すことは難しいけれど、自分なりに一日、一日を大切に過ごそうとしている人間もいました。人それぞれによって、アプローチが違うのです。なにか人間としての「生き方」を問われていて、どう生きるかは、個人次第だということを痛感しました。

緊急事態宣言が解除されるまで、練習も例年通りにはできませんでした。「密」を避けなければなりませんから、朝の各自ジョグをはじめ、間隔を空けるなど、選手個人の判断、裁量が大きくなっています。長距離では、誰かの後ろについて走っていけば、楽にペースメイクをすることができます。ところが、密を避けるためには、ひとりでペースを刻まなければならない。練習を見ていると、選手一人ひとりが明確な意志を持って取り組んでいかないと、後々、かなりの差がつくことは明白でした。

私は、高校時代から自分の言葉で話せる意志の強い選手たちを勧誘してきたつもりですが、それでもモチベーションの濃淡が出るのです。指導者から言われるがままにやってきた学生では途方に暮れるだけでしょう。

このような状況になって、学生たちは自分自身で練習を組み立てる能力が試されたわけです。私の方は、少しでも成長を促せるように手助けをしたい。限られた条件のなかで、練習にゲーム性を取り入れたり、ちょっとした刺激を与えるのが私の仕事になりました。

この危機のなかで、選手たちはつらい思いをしていたはずですが、青学としては全員が一緒に暮らし、練習することでチーム力は上がったはずだ——と実感しています。

特に、2020年度の4年生はよく頑張っていました。今回の新型コロナウイルスの影響で、いちばん不安なのは間違いなく4年生です。最後の学年だというのに、大会はない。秋からの駅伝だってどうなるか分からない。大学での授業の形態だって不透明だし、人生を左右しかねない就職活動だって、限られた条件のなかで頑張るしかない。

不確定要素が多すぎて、不安だらけなのにキャプテンの神林勇太（九州学院・熊本）を筆頭に、4年生たちは上級生らしい態度、そして練習でも競技者らしい姿勢を示してくれました。彼らはこのピンチを成長につなげてくれるに違いありません。しっかりと青学の伝統を後輩たちにつないでいってくれていますし、この頑張りが卒業してからの競技者、そして人間としての成長につながると私は信じています。

帰らせるべきか、とどまらせるべきか。ずいぶんと悩みました

2020年上半期で、もっとも大きな決断は3月に訪れました。新型コロナウイルスの感染が拡大していき、寮生活をしている学生を故郷に帰省させるかどうか、頭を悩ませました。

いくら考えても、正解はありませんでした。おそらく、すべての大学の指導者が「正解」を見つけようと葛藤を続けていたと思います。新型コロナウイルスの感染が拡大していくなか、実家に帰したとしても、かえって感染を拡大させるリスクはないのか。指導者の目が届かない故郷で感染するリスクも考えなければならない。

私自身も、40人以上の部員を預かる身として悩みました。

私の出した結論は、町田寮で全員が一緒に過ごすことでした。

正直、実家に戻ってもらった方が楽だったかもしれません。寮に住む選手から、感染者を出すリスクをゼロにすることができるのですから。

共同生活を営んでいる以上、もしも感染者がひとりでも出たらクラスター化する可能性も否定できません。そうなったら、マスコミが殺到したのではないでしょうか。「名門校、

青学合宿所でクラスター発生！」とか……。もし、そうなったとしても私は全責任を負う覚悟はありました。

選手を留め置くこと、それはこうしたリスクをも考慮しなければならないのです。指導者、リーダーは最悪の事態を想定し、その上で決断しなければならない。あらゆる条件を考慮したうえで、私は敢えて安全な選択肢を取らず、学生たちを残すことに決めたのです。

私は学生たちにこう話しました。

「この国難ともいえる状況を、青学というチームが一丸となって克服していきたいと思います」

さらば、「KKD」よ

本書では、こうしたリスクを積極的に取ることで得られる「改革する思考」について、私が考えたことを思う存分書いていくつもりです。

横並びが正解なんかじゃない。考え、対策を講じることでチャンスが生まれる。陸上界が、そして日本がいい方向に変わって欲しいという願いを込めたいと思います。

ただし、私ひとりでは変えられません。私にできることは預かっている部員に対して知的好奇心と刺激を与え、走ることを通じて成長していってもらうことです。

私が学生に伝えたいことは、日本に限らず、いまの世界は「変数」が大きく、即座の対応力が求められる。社会に出てからの訓練の意味でも、すべてを「自分ごと」として捉えて欲しい、と。

そうなると、指導者の質が問われてきます。これまでの日本のリーダーの行動指針は「KKD」でした。KKDとはなにか？

Kは「経験」。

もうひとつのKは「勘」。

そしてDは「度胸」。

昭和的というか、古いのです。要は、自分が体験した知見を基に判断を下すのが日本的リーダーです。それは平時においてはうまく回っていった部分もあり、みんながそれなりにハッピーだった。

ところが、KKDに頼った判断が、私は2020年3月から5月にかけ、日本をマイナスの方向に向かわせてしまったと思えてならないのです。

私は日本酒が大好きですが、いまの醸造の世界は杜氏さんのＫＫＤに頼るのではなく、醸造学科で学んだ若い世代がエビデンスを基にして日本酒造りに取り組んでいるそうです。そのおかげで毎年、品質の安定したお酒を供給できるようになった。つまり、科学なんです。

これを陸上や大学の世界に置き換えてみると、どうなるか。いつまでもＫＫＤに頼っていては、「アフター・コロナ」の世界で噴出するであろう予測不能な状況に対応できません。

私は大学では教員として一般学生の指導にもあたっていますが、今後、大学の授業がすべてオンラインになることだってあり得るわけです。半年前だったら、「そんなバカなことが……」と一笑に付されていたかもしれないアイデアですが、アメリカではハーバード大学をはじめ、一斉にオンライン授業に舵を切りました。

日本の大学は学生のインターネット環境の整備をはじめ、大学がオンライン授業をどう運営していくのか、そして映像を通しても興味深い授業ができるものなのか、まだまだ準備が足りません。

社会は世界史的な転換点を迎えているわけですから、あらゆるパラダイムが変わっています。そんなときに、ＫＫＤがアテになりますか？　「そんなものなりゃせんわい」というのが私の意見です。

大学が変われば、陸上部の活動だって変わります。すべてオンライン授業になった場合、部の運営はどうするのか？　ひょっとしたら、一般学生は実家で授業を受け、試験を大学で受けるだけのスタイルになるかもしれない。これは通信制の大学に近い仕組みですね。キャンパスの必要がない大学。アメリカではオンライン大学がありますが、日本でも同じようなことが一気に進む可能性は否定できません。

ではそうした時代を迎えた時に、体育会の活動はどうなるのか？　必要なくなるのでは？　と考える人もいるかもしれませんが、「原流」の改革する思考では、大学スポーツはますます価値が上がります。それは学生、教職員、そして卒業生をつなぐ「絆」としての役割が大きくなり、箱根駅伝はその象徴になる可能性があるからです。

ただし、しっかり運営するためには、体制の整備をしなければなりません。学生が寮でオンライン面接を受けなければならない時に、それだけの環境を提供してあげられるのか？　40人の学生が一斉に動画で授業を見る可能性があるわけですから、Wi-Fiは当たり前です。その整備は指導者の責任です。また、就職活動でのオンライン面接も増えていますから、合宿所内に落ち着いた環境を作ることも必要になってくるはずです。

競技面ではどうでしょう。指導、練習計画の策定においても、これからはＫＫＤではなく、エビデンスに基づいた判断が求められるようになります。青学が２０１５年から２０２０年までの6年間で5回、箱根駅伝で優勝できたのは、他校とのエビデンスの差とも言えます。ＫＫＤではなく、科学。

ただし、２０１９年のように敗れる場合もあります。しかし、エビデンスを基に考えていけば、間違った点に戻ることが可能なのです。

私は今回の危機を通して、学生たちにもそうした発想を持って欲しいと考えています。ピンチをチャンスに変えるには、将来に対する問題点を日ごろから考える能力を磨いておかないと、身につきません。ピンチの時にあたふたしないようにするためには、目先のことにとらわれすぎず、中長期的な視野を学生時代から身につけておいて欲しいのです。

そして、思ったことを伝えないとダメ。今回、政府が様々な政策を打ち出していくなかで、「おかしい」と思ったことに対しては声をあげることで、政策によってカバーされる領域が増えました。

これは部の運営においても一緒で、常日頃から思ったことを声にする文化を作っておかないと、集団が間違った方向に向かってしまった場合に、みんなで沈没しかねない。青学は私を筆頭に「言いたがり」の人間が多いので、学生たちも臆せず意見を言える空気はあります。

もはや、「ハイ、ハイ」といい返事をするだけの人材は必要ありません。意見を持ち、それをエビデンスで確認しながら、意見交換ができる人材を育てる。それがいま、指導者に求められている役割だと思うのです。

私も、選手たちも、日本の未来に思いを馳せつつ、日々、できることに集中していくことが大切になるでしょう。幸い、いまの青学には先輩たちが積み上げてきたことでエビデンスがあり、大会に対しても様々なアプローチが可能になっています。こんなピンチのなかで創造性を発揮していきたいのです。

その意識、「改革する思考」を、読者のみなさんと共有できればと思っています。

まずは、コロナウイルス禍で、私がどんな決断を下したのか、それを振り返ってみたいと思います。

CONTENTS

3 改革発想を持つ選手を育てる

4 改革する思考で、箱根駅伝だってこんなに変わる

5 ＭＧＣは改革発想の賜物だ！

6 陸上界には宝が眠っています

7 柔軟性を養うためには

1

2020年はこうして始まった

箱根駅伝優勝のあと予期せぬ敵が出現しました

箱根駅伝の王座奪還。2020年はホッとしたところからスタートしたのでした

新型コロナウイルスの感染拡大が始まる前、日本はいたって静かでした。東京オリンピックイヤーとなるはずだった２０２０年。第96回箱根駅伝で、青山学院大学は2年ぶり5度目となる総合優勝を達成しました。

劣勢を予想されたなかでの王者奪還。周りの方からたくさんの祝福をいただきましたし、「原はさぞがし勝利の美酒に酔いしれているんだろう」と想像されていたのではないでしょうか。

ところが、私の感覚はちょっと違いました。優勝の喜びが爆発するというよりは、「ホッとした」という気持ちが強かったのです。

自分でも少し意外だったので、自己分析をしていくと、２０１９年の箱根駅伝では、主

将の森田歩希（現・GMOアスリーツ）をはじめとした選手層の厚さ、強さに加え、勝つノウハウを備えたチームへと成長したという自負があり、メディアのみなさんにこう言い放っていました。

「2004年の監督就任以降、史上最強軍団です！」

実際、3区で森田が区間新記録の快走を見せ、トップに立った時は「今年ももらった」と思いました。ところが史上最強軍団は東海大に負けたのです。

それでも、私にとってこのレースは苦い思い出ばかりではありませんでした。復路に入って6区の小野田勇次（現・トヨタ紡織）、7区の林奎介（現・GMOアスリーツ）のふたりの4年生の猛烈な追い上げに代表されるように、驚異的な粘りを見せて復路優勝という勲章を手にしました。

私は、選手たちの最後まで諦めない姿勢を見て、青学が変わったことを実感したのです。これまではスクールカラーと一緒で、「さわやかさ」や「良い意味でのチャラさ」がありました。私も積極的に「脱体育会系気質」を打ち出していましたが、2019年の青学の走りには、泥臭さや強さがあった。なんというか、学生たちの走りからはいわゆる「男らしさ」が感じられ、良き敗者であったと私は思ったのです。

スマートさに泥臭さが加わり、チームは新しい段階に突入しつつある。そうした手ごたえを感じつつも、2年続けて箱根で敗れるとなると、青山学院、そして私を取り巻く情勢は変わってくるだろうと覚悟はしていました。しかも、優勝争いに絡むことなく、見せ場すら作れなかったとしたら、周囲の目はオセロゲームのごとく、変わってしまうに違いないと思っていました。

私には、敵が多いことを自覚しています。

2015年に箱根駅伝で初優勝して以来、私は陸上界を魅力ある世界にするべく、様々な「改革」のためのアイデアを発信してきました。そのなかには、既存の考え方では到底思いつかないような発想も含まれており、「箱根駅伝を走ったこともない人間が何を言っておるのか」と苦々しく思っていた人もいるでしょう。そこには「アンチ原」がいたことを、なにより私自身が感じていました。

そうした声が表立って出てこなかったのは、青学が箱根駅伝で勝っていたからです。もしも2年続けて敗れたとしたら、これまでの強化姿勢や、私の独特の言い回しに対するバッシングが噴出することが予想できました。いわゆる「原体制の終わりの始まり」が訪れる可能性さえありました。

絶対エース不在の時間が続きました

2019年、それは私にとって「改革のシーズン」を意味しました。しかし、それは痛みを伴う改革となりました。

事実上、新体制となった2019年1月から夏合宿に入る7月末まで、正直なところ、私の目からはリーダーとなるべき4年生がまったくといっていいほど機能せず、精神的、肉体的にチームを引っ張っていく「絶対エース」が不在の状況が続きました。

夏合宿の中盤までは、記者の方々にさえ「箱根駅伝優勝なんて夢物語」と本音を吐露してしまったこともあります。私自身、「一歩間違えればシード権すら取れなくなる……」と危機感を抱いていたほどです。

毎月1、2回行われる全体ミーティングでは学生に対して辛辣になりましたが、5月の大型連休の合宿では「洗濯」がきっかけで雷を落としました。

宿舎の乾燥機の中に、数点、忘れ物があったのです。ところが、誰も名乗り出ない。おかしい。私はそう思いました。

「忘れ物は誰にでもあるよ。それは構わないし、気にしない。でも、名乗り出ないってどういうこと？　おかしいよね？　それに、それを許すような雰囲気がチームにあるんじゃないのかね？」

こんな状態で勝てるのかと、私は学生に問いただしました。たしか、翌日には重要な練習が控えていたにもかかわらず、就寝時間を過ぎてもミーティングは続けられました。

この事件、元号が令和に切り替わった当日に起きたため、学生たちの間では、「令和の変」と呼ばれていたようです。

覚悟の大切さ。覚悟があれば、人間は変わります

こうした事件があってもなお、選手たちは即座に反応してくれたわけではなく、このあと、学生の成長には時間が必要なことを、私自身が学ぶことになるのです。

2019年の前半、私が学んだのは「伝えたいことは、根気強く言い続けるしかない」ということでした。特に、私が柱としている3要素を強調しました。

「組織づくりの基本3原則を忘れないように」

「成長するための5ステップを疎かにしない」
「覚悟を決めて競技に取り組んで欲しい」

かみ砕いておくと、組織づくりのための基本3原則とは……。

①目標理念が根付いていること
②傍観者主義にならない
③他者責任にしない

全員が当事者意識を持って、目的意識を共有することが大前提です。そして、傍観者を気どったり、他人のせいにして逃げたりしない。つまり、当事者意識をしっかりと持つ。組織として、この3原則がきちんと機能していれば、好循環が生まれ、チームは自然と成長していきます。そして成長するための5つのステップとはなんでしょう。

①知ること

②理解すること
③行動すること
④定着させること
⑤相手に教える・伝えること

とてもシンプルなことばかりです。しかし、シンプルだからこそ、徹底することが必要ですし、こうした基本事項を疎かにすると、知らず知らずのうちに成長の機会を逃してしまうのです。

残念ながら、2019年度の4年生はこうした基本事項に漏れがありました。私も愚痴っぽくなり、「ダメダメ世代になっちゃったなあ」とボヤいてばかりいました。7月下旬の時点では、「これじゃ、優勝争いなんてできっこない」と諦めモード。思い切って下級生中心にチーム作りを進めた方がいいのではないか？　そう自問自答することもあったほどです。

ところが――。夏合宿の後半になって、4年生たちがそれまでとは見違えるような成長曲線を描き始めたのです。9月で夏合宿を打ち上げ、夏合宿の疲労がぬけないなか臨んだ

10月の出雲駅伝では最終6区で5位に沈みましたが、レース途中では先頭争いを演じるなど、全般的に良化の気配を見せます。

そして11月に行われた全日本大学駅伝では、最終8区で東海大に逆転を許しましたが、2位に入りました。この時点で、私は「箱根は戦える」と確信するようになりました。

4年生は何が変わったのか？　彼らは「覚悟」を持ったのです。残された時間が少ないことを意識して、競技に必死に取り組み始め、結果が伴い始めていました。

そしてこの後、千葉県の富津で強化合宿を行いましたが、ここで私は学生たちの強さを実感します。特に、春先からくすぶり続けていた主将の鈴木塁人（現・ＳＧホールディングス）もようやく底力を見せ、往路の主要区間を任せても安心だ——と思えるほどにまでなったのです。

そこで思いついたのが、箱根駅伝恒例のキャッチフレーズでした。終わってみれば、やっぱり青山学院は強かった。優勝はやっぱり青学か……。そういった絵柄が浮かんできたので、２０２０年の箱根駅伝の作戦名を「やっぱり大作戦」としました。

この作戦名を考えた時点では、私自身はかなり自信を深めていました。彼らの姿を見て、いかに学生スポーツにおいて「覚悟」が大切なのか、これほどにまで痛感した年は、監督就任3年目の箱根駅伝予選会において大惨敗をきっした翌年、チーム再建に尽力した当時の主将、檜山雄一郎（現・持田製薬）以来のことでした。覚悟を決めた4年生の成長は目を見張るものがあり、それを見た下級生も力を伸ばしていきました。

箱根駅伝を前に、私は彼らが「史上最強軍団」へと成長を遂げたことを確信していました。

その結果、10時間45分23秒という、おそらく向こう10年は破られないであろう、箱根駅伝でのとてつもない記録を打ち立てたのです。

実は、臆病でカラ元気なだけなんです

2020年の箱根駅伝は、50歳を過ぎた私にとっても学び多き機会になりました。人生、一生勉強だな――としみじみ思ったほどです。

そしてまた、新たなシーズンが始まります。2020年1月3日に箱根駅伝が終わると、チーム内での決めることは毎年ほぼ一緒です。新体制の準備として、主将、主務、寮長のいわゆる「三役」を決めるところからスタートします。

つまり、箱根駅伝のゴールがすでに次年度へ向けたスタートの日でもあり、そうした日々

を16年もの間、繰り返してきたことになります。

振り返ってみると、まるで「回遊魚」のごとく動き続けた16年間でした。

ではなぜ、私は休むことなく、回遊魚でいられたのでしょうか。

それは不安と孤独のなかで闘っているからだと思うのです。

よく私のことを「監督はチャレンジ精神が旺盛で、歯に衣着せぬ発言を堂々としていますよね」とお褒めの言葉を頂戴します。強いリーダーシップの持ち主。そう思われていることは重々承知しています。しかし、自分では決してそんなことを思っているわけではなく、自分のことをこのように分析しています。

・臆病

・カラ元気

・常に孤独と闘っている

別にカッコをつけて書いているわけではありません。本当に、「監督という仕事」に対し虚勢を張って生きてきただけだと思うのです。

ひょっとしたら、ずっと指導を続けるには、臆病なままでいる必要があるのかもしれません。そして臆病だからこそ、新型コロナウイルスの問題が発生した時に、慎重に対処できたのではないかと思うのです。

敗れ、そして勝つ。2020年、青学は新しい力を手にしたように思っていました

2020年1月3日、2年ぶりに王座に返り咲くと、翌日からは日本テレビさんの番組に立て続けに出演させていただきました。4連覇を達成している間は、テレビの出演や、様々な媒体からの取材要請、そして全国の企業のみなさんからの講演依頼が舞い込んでいましたが、2019年に負けてみると、そうした依頼が激減していました。

「本当に、オセロゲームのように白と黒が逆転するんだな」

と私は淡々とその事実を受け入れていましたが、負けたことでの気づきが青学を強くしてくれたように思うのです。「優勝した後の光景」が当たり前のものではないという気づきがありました。

他の大学は、悔しさを胸に1月4日から次に向かうために朝練習を始めます。２０１９年に敗れ、組織として、もう一度ハングリー精神を持つことができたのは、プラスだったように思います。

２０２０年に王座を奪還したことで、勝つことによる社会的影響力の高さを改めてひしひしと感じました。もちろん、勝った喜びもあり、それは心地の良いものです。ただし、その喜びは初優勝し、そこから4連覇が続いた時代とは多少違っていました。喜びの中身が変わっていたのです。

前年に敗れはしたものの、チームの強化体制が根本的には間違っていなかったという安堵。そして何よりも、チームがまた一段と強くなる予感がしました。

箱根駅伝が終わり、新チームが発足すると、チーム強化にとって重要な三役を決めますが、指導経験17年目を迎え、私が主将を指名したことは、前述したチームの最大転機を迎えた4年目に任命した檜山主将一度だけで、他は学生主体の話し合いによって決定されます。ただし、決定するに際してはこれだけは伝えておきます。

「十分な話し合いをしないで、ビジョンも、覚悟もなく、何となく決まったのでは駄目だからね。決まらないからとか、面倒だからといってジャンケンやあみだくじで決めるのはもってのほか。それだけは理解して話し合って欲しい」

例年ですと、学生から上がってきた人事案に対し、2つ、3つの問いかけをして、納得できる回答が得られない場合は、人事案を突き返して話し合いを続けさせたこともありました。しかし、2020年度の三役に関しては、すんなりと承認を出しました。

箱根駅伝6度目の優勝を狙うチームの主将は神林勇太、寮長・中山大樹（樹徳・群馬）、主務・鶴貝彪雅（白鷗大足利・栃木）が三役となり、副主将に松葉慶太（浜松日体・静岡）が入ることになり、実績十分でエース格の吉田圭太（世羅・広島）は三役に加わらず、大所高所からチームに刺激を与え、主たる責任は走りで見せようという体制を整えました。

三役が決まると、次はチームとしての「テーマ」を決めます。この決定に際しても、まずは役員と4年生が話し合い、ここでも私は極力口を挟まないようにしています。目標とは与えられるのではなく、学生が主体で決めないことには「改革」に結びつくわけがないからです。

新チームは、箱根で敗れた経験を経て、頂上へと再び登った揺るぎない土台のあるチームです。17年目の私にとっても、彼らの改革する思考がどんなものか、楽しみにしていたところに暗雲が漂い始めたのは、箱根駅伝優勝の余韻の冷めやらぬ1月中旬くらいからのことだったでしょうか……。

すぐに終息するだろう。そう考えていた私は甘かった

２０１９年12月に中国の武漢で発生したと見られる新型コロナウイルスの世界規模での感染拡大が、毎日のようにニュースで取り上げられるようになっていきました。当初は対岸の火事という言葉のごとく、中国で新しい風邪が流行しているらしいな、という程度の認識でした。きっと、衛生や医療体制も違うだろうし、そのうち終息するだろう――多くの国民のみなさんはそう感じていたでしょうし、私自身もそのひとりでした。

当然、経済活動をはじめスポーツ・文化活動の休止なんて想像すらしていませんでしたが、その考えが甘かったことを感じることになります。

様子が変わってきたのは、2月5日から横浜港に停泊していたダイヤモンド・プリンセス号で集団感染が発覚したあたりでしょうか。しかし、この時点では部活動まで大きな影響は出ていませんでした。

毎年2月には、冬季の全体強化合宿を宮崎で行うのが恒例です。２０２０年も、2月6

日から13日まで、7泊8日の日程で、例年通りの練習内容をこなすことができました。

この後、3名の選手については宮崎に残り、2月16日に行われた「熊日30kmロードレース」に参加します。私も同行して選手の応援とレースの解説を行ったのですが、中継車に乗り込むと、特等席に陣取ってレースを観戦できるような気分を味わいました。時に、平等に解説しなければならないことを忘れ「神林離れるのが早すぎないか」、「吉田ここからが頑張りどころだ」と絶叫したりする始末でした。

まだまだこの時点では、日常は平穏で、この後すぐに、日本国内が歴史的な国難に襲われることは想像がつきませんでした。

この2月16日のレースが終わってから、我々を取り巻く環境は徐々に厳しいものとなっていきます。国内のロードレースやイベントは軒並み中止や延期となります。そして2月26日には、安倍総理から「多数の方が集まるような全国的なスポーツ、文化イベント等については、大規模な感染リスクがあることを考慮し、今後2週間は、中止、延期又は規模縮小等の対応を要請することといたします」という呼びかけがあり、27日には日本全国の小中高等学校に対して、一斉休校の要請が出されました。

正直、戸惑いました。私ひとりで、この流れを止めることなど、到底できないほどの大きな波でした。

最初に大きな決断が求められたとき考えたのは、細心の注意を払うということです

私も難しい判断を求められる場面に遭遇しました。陸上競技部では、3月16日から25日まで大分での合宿が予定されていたのですが、合宿を実行すべきか否か、決断が迫られたのです。

参考までに他の大学の情報を集めると、リスクを計算してか、ほとんどの学校が合宿を中止していました。陸上競技部の判断ではなく、大学の方針として体育会の活動を休止するように通達した学校もあったようです。

私は、横並びを良しとしません。みんながやっているにせよ、「それが本当に必要なことかどうか」を、リーダーとして吟味してからでないと、行動に移しません。それがリーダーとしての責任だと思うからです。私は合宿の実施についてプラス面とマイナス面を抽出しつつ、「どうやったら合宿が実施できるだろうか？」ということを考えることにしました。

まず、合宿そのものが危険かというと、ふだんから町田寮で選手たちは共同生活を営んでいるわけで、その場所が大分に変わるだけです。日ごろから町田寮で感染症対策をしっかりやっているので、それを淡々と続けていけばいいと考えました。

もっとも考慮しなければならないのは、移動と宿泊でした。ふだん、合宿で飛行機を使う場合、われわれは公共交通機関のバスを使って羽田空港まで移動します。しかし、その時期には観光バスでの感染も報道されていたので、専用のバスをチャーターし、不特定多数との接触を極力抑えることでリスクを減らそう。そして当然のことながら全員がマスクを着用し、空港でのアルコール消毒を徹底、大分空港に到着したら、専用のバスを用意して宿舎まで行く。そうした対策を考えました。

ただし、宿泊先で他にも団体が入るようであれば、私としても合宿を中止したかもしれません。他団体の健康管理は私がコントロールできるものではないからです。けれど、このときは我々が宿舎を占有して使えるということなので、リスクは低いと判断しました。食事についても、町田寮での食べ方と同様に三密は気にせず、みんなでわいわいがやがや楽しく食事をとりました。だって私たちは大家族ですから。ただし、大分にお住まいの青山学院大学の卒業生の方々との交流イベントや、ファン対応については遠慮していただく。

このように考え、私は合宿を決行することを決断しました。もちろん、合宿でクラスターが発生した場合、その全責任は私にあります。しかし、感染予防を徹底することでそのリスクは限りなく低いと判断し、10泊に及ぶ合宿を無事終えることができたのです。

合宿中、体調不良者が出ないかどうか、緊張も強いられました。しかし学生諸君が衛生面での自己管理を徹底してくれたおかげで、2名程度体調を崩しましたが、チーム全体に大きな影響をもたらすものではありませんでした。また、東京に戻ってきてからの2週間、参加者の体調に変化がなかったことで、私は肩の荷を下ろすことができました。

今まででいちばん、緊張の解けない合宿だったかもしれません。それでも、ほぼ予定通り終えたことにより、私はまた一段、青学の選手たちが成長してくれたように感じました。

無事に大分合宿を乗り切ったチームでしたが、例年、チームとして行ってきた行事が次々になくなっていきます。

箱根駅伝優勝報告イベント、そして4年生にとってハレの場である卒業式も中止になりました。

卒業式での4年生の笑顔が見られなかったのは、本当につらいものがありました。選手たちだけでなく、私の講義を受けた、教授として初めて送り出す学生とも対面できなかったのです。

そして年度が変わり、4月1日の入学式も中止になりました。楽しみにしていた試合やイベントだけでなく、大学のクラブ活動も原則活動中止となっていったのです。

すでに3月の時点から選抜高校野球が中止になり、東京オリンピック・パラリンピックも2021年へと延期になり、スポーツの危機が現実のものとなっていました。

本当に、若者たちはスポーツをやってはいけないのだろうか?

私は悶々としながら、自問自答を繰り返していたのでした。

そして、こう思ったのです。状況を分析し、細心の注意を払えば学生たちを守れる、と。

KKDに頼るのではなく、実証主義でこの危機に立ち向かおうと決めたのでした。

2

コロナウイルス禍での決断

改革すべき要素を探す。それが大人の仕事です

大人は「やれない理由」を探すのではなく「やれる理由」を見つけるのが仕事

「新しい生活様式」という言葉に代表されるように、日本はこれまで培ってきた社会生活環境が一変してしまうほどの国難に遭遇してしまったのです。おそらく、終戦以来の国難ではないでしょうか。

当初は「できることはある」と考え、行動していた私ですが、こうなると状況に合わせた対策が必要になってきます。実際、4月になると、他の大学では学生を故郷に帰したという情報が耳に届くようになってきます。

私には、なにができるのか?

わが部では、学生やスタッフを合わせ60名近くが活動しています。この国難の時期にあって、私が最初に考えたテーマは、次のようなものでした。

『「安心・安全」と「夢・チャレンジ」という相反するふたつの要素を両立できるだろうか？』

どうやったら相反するテーマが両立できるのか。難しい課題でした。判断を下すにあたっては、あらゆる情報を仕入れて、決断、判断することが求められました。

まず私は、テーマを実現するために必要なコンセプトはなんだろう？　と考えることにしました。

必須のキーワードは「命を守る行動」。これは絶対に外せません。しかし命を守ることだけを考えると、すべての活動に対し「自粛ありき」の発想になってしまいます。実際、当時のテレビからは新型コロナウイルスの感染力の強さと、感染した場合のリスクの大きさが報道され、海外からはショッキングな映像、情報が流れていました。

しかし、私には疑問も湧いていました。

果たして、国内の感染の広がりと海外を同一と考えていいものなのか？「2週間後、東京はニューヨークのようになる」という恐ろしい情報がアメリカから発信されていたけれど、それを鵜呑みにしていいものなのか。

私が思っていたのは、日本ならではの生活様式や、日本独自の抑制の取り組みがあるではないか、ということでした。日本中が自粛に舵を切るけれども、感染リスクの回避のみを考える対策案だけ考えていて大丈夫なのだろうか？　とその時期に考え始めたのでした。私は活動できる理由、「やれる理由」を探し始めました。

リスクの算出。これが鍵でした

私は、「自分たちができることを、とことん探ろう」と考えていました。

もともと、青学の陸上部に限らず、他の大学もリスクを計算しながら活動を続けています。

青学の場合、ふだんから風邪やインフルエンザ、ノロウイルスなどの胃腸炎の感染対策を行っています。また、夕方の本練習では、寮から青学の相模原キャンパスまで往復およそ6㎞あり、ジョギング中の交通事故に対するリスクも考慮しなければなりません（リズムが崩れるからといって、赤信号なのに走ってしまってはダメです）。

また、練習中の熱中症の対策にも万全を期してきたこともあり、我々にはこれまで長い間、リスクと安全対策を施しながら運営してきたという自負がありました。

リスク。今回のコロナウイルス禍におけるキーワードではないでしょうか。

様々な経済、文化活動をすることは、当然様々なリスクが伴います。ゼロリスクの社会生活活動はありません。これが私の解釈です。

みなさんも、実はリスクを取りながら生活していたのです。今までそれには気づかず、新型コロナウイルスの感染が拡大したことで、リスクを伴った生活実態が浮かび上がっただけだったのではないでしょうか。

私にとって、新型コロナウイルスの恐怖が忍び寄ってきた日々は、「命は果たして守られるのだろうか？」という大命題に立ち向かいつつ、どのような活動をしていけば良いのか結論が出ないまま、葛藤を続ける毎日でした。

本当に自粛することが、彼らのサポートにつながるのだろうか？　もっと、監督である私にできることがあるのではないか。その思いが強かったのはたしかです。

陸上競技（特に長距離走）の強化というものは、時間をかけ、泥臭く日々鍛錬していくことが求められるのです。地道に努力した結果、箱根駅伝のような晴れがましい舞台で走ることができるのです。

しかし、休んでしまうと失われるものも多いのです。伝統的に言われ続けているのは、1日休めば3日、10日も休めば取り戻すのに1か月は必要になる――というものです。

この言葉には科学的なエビデンスはありませんが、感覚的には正しい面があるのはたしかです。最低限のことを続けていかなければ、活動が解禁されたときに、大変な状況になっているることは容易に想像ができました。ましてや、トップチームであり続けたいという思いを現実のものとするならば、休むという選択肢はありませんでした。

青学の陸上部は自主性を重んじる組織であり、それぞれの部員が自主練習を積めば勝てるのではないか——と思う方がいらっしゃるかもしれません。

断言しますが、そんなことは絶対にありません。「寝てるだけで勝てるほど箱根駅伝は甘くない」と、青学の関係者全員が身に染みて感じています。120%の努力ができる人間だけが、本番で100%に近い結果を出せるのです。

様々なリスクを計算した結果、私が下した決断は、町田寮で全員の共同生活を続けるということでした。

最後は、リーダーがやりたいか、やりたくないか。それだけです

新しい生活様式のなかで、新しい活動形態を模索する。それが私の出した結論でした。

判断するにあたっては、ボトムライン＝最低限のできることを設定し、実行する段階では、医学的なデータが必要でした。私はインターネット、そして医学関係の知人を通じて得た情報をもとにして、最終的に今後の具体的な方向性を部員に示すことにしました。

プランを練っていくうえで私が感じたのは、

「結局、最後はリーダーがやりたいか、それともやりたくないかだけだな」

ということでした。

私は、学生と一緒にできるだけのことをやりたかったのです。そのために、最後に責任を持つのは自分。その覚悟を持てるかどうか、それだけなのです。難しい事案ほど、最後はシンプルな結論に落ち着くものです。

私が考えたのは、チーム一丸となって新型コロナに打ち勝つことでした。

将来ある若者の成長を見守る人間のひとりとして、ここで間違った舵取りをしてしまっては、若者たちの今を生きる力や将来のビジョンが狂ってしまう。もう少し俯瞰するならば、ここで間違った判断を大人が下せば、日本の未来の財産を失いかねないと思っていました。そんな思いのなかで、私は閉寮せず、みんなで共同生活をしながら可能な活動を続けていく決断をしたのです。

横並びは意識しないものの、他の大学の情報も集めました。大学からの指示による閉寮通告もあれば、各部活内での自主判断で選手たちを帰省させるチームもあったようです。あるいは、すべての部員を帰省させる学校もあれば、主力選手のみ、あるいは希望者を残して寮生活を運営したりと、各大学によって対応は変わらざるを得なかった。つまり、リーダーの判断によって部の舵取りは大きく変わったのです。

青山学院は、部員全員で寮に残り、新型コロナに打ち勝とう。

それが私の出した結論でした。

多少の活動制限はあるものの、共同生活を続け、箱根駅伝連覇を目指す。

それが私のやりたいことだったのです。

行政というものは、大きくは正解なのだけれども、個別事案に合わないことが多いのです

全員で活動を継続する。

言葉だけは勇ましく聞こえるかもしれません。決めたものの、これは悩みに悩んだうえ

での決断でした。

もちろん、町田寮を閉じてしまい、部員全員を実家に帰省させる方法も検討しました。その理屈付けはとても簡単で、「学生の命を守る」と言えば、それで済む話でした。そうすれば、私自身の責任もなくなり、町田寮の寮母を務める妻にも負担をかけることもなかったでしょう。

ただし、状況はそう単純ではありませんでした。東京都から出された新型コロナウイルス感染拡大防止策のひとつには、東京から地方への移動はかえって感染拡大につながるため、学生の故郷への帰省は自粛するようにも伝えられていたのです。

つまり、集団生活のリスクと、帰省のリスク。どちらを重く見るのか、判断しなければなりませんでした。

都の方針に従って、共同生活を営みながら、町田で頑張る。それとも、帰省して感染リスクの少ない親元で暮らすのか。いやいや、帰ってしまうと親御さんへの感染の心配もある……。

いろいろな要素が絡み合い、どちらの方針を採るべきか本当に迷いましたが、最終的には町田寮に全員を残す決断を下しました。ただし、「東京都がこう言ってますので」という理屈では、選手たちが前向きに努力できないのではないかと感じていました。そんなことを平気で言ってしまうリーダーのことを、学生たちは信用するはずがありませんから。

そもそも、行政指導というものは最大公約数的で無難な施策を採るものだという認識が私の中にありました。それは中国電力に勤めていた時から感じていたもので、行政が決めることは大きい視点では正解なのですが、個別の実情にそぐわないことが往々にしてあったのです。つまり、現場のことを知らない。

私が素直ではないことは認めます。でも、「もっといい方法があるでしょ?」という改革する思考は、会社員時代に培われたのは間違いありません。

今回も、東京都の方針に沿って活動し、余計な思考を挟まない方が従順でいいのでしょう。実際、上意下達的な教育を受けてきた人は、その方が楽なのではありませんか? ただ、それでは面白くもなんともありません。

次の世代に改革する思考をつなげていくためには、私自身がそうしたマインドを持っていなければならない。そして今回は、私の覚悟を示す番だと思いました。

この国難の下で、青山学院として自主的に「新しい活動様式」を示し、学生と一緒に新しい活動、生活のルールを作れば、学生が前向きに活動すると考えたのです。

東京都が言ったことを、そのまま伝えて活動を続けるようでは、誰もついてこないでしょう。少なくとも、私が学生だったらついて行こうとは思いません。

では、選手たちから自主的な活動を引き出すにはどうしたらいいのか。今回は、私がなぜ残るのか、それを明確にしたうえで、基本的なルールを決めていこうと考えたのです。実情にそぐわないことがあれば、みんなで改めていこう、と。

私はテーマを決めました。集団にとって、共有できるテーマ設定は大切です

私が学生を前にして話したのは、次のようなテーマでした。

「新型コロナウイルスと共存する社会の実現に向けて対策と活動を進めていこう」

「それぞれのボトムライン上で100％努力していこう」

3月、4月、5月と、私はこの言葉を繰り返しながら強化を続けていきました。具体的な行動ルールは次のようなものです。

【町田寮での自粛生活】
・うがい・手洗い・アルコール消毒の徹底
・外出時のマスクの着用
・門限20時
・1日2回の検温
・練習後のシャワー
・フィットネスルームの利用禁止
・外食禁止、自炊の推奨
・公共交通機関を使っての移動の自粛
・取材の自粛
・女子マネージャーの活動停止（寮外生のため移動を伴うため）

たくさんの項目がありますが、いずれも陸上部で活動している学生にとっては、基本的なことばかりでしょう。要は、これを集団として徹底することで、危機を乗り越えようと考えたのです。

しかし、全員が納得したわけではありませんでした。

反発があると知って、私はアンケートを取ることにしたんです

町田で活動を続けることで、一部の学生から「他の大学は帰省しているのに、ウチはなぜ残るんだ?」という疑問が出ていたようなのです。

その学生の「改革する思考」から出た不満ならば、私はいいと思いました。青学らしいじゃないか、と。なぜ、こうした疑問を持つのか、その本質に俄然興味が湧いたのです。

その学生は、これまで通りの平時と同じ感覚で帰省したいと思っているのだろうか?

本当に、若者が命の危険にさらされるような危険なウイルスだと思っているのか?

寮生活が嫌なのだろうか? 住み心地が悪いのか? それとも、同じ部屋で生活する先輩と後輩の関係性に問題があったりするのだろうか?

そもそも、彼は走りたいのか?

私の頭の中には、いろいろな仮説が浮かびました。そこでアクションを起こします。

4月9日の朝食のときに(朝練習の後、朝食はみんなで食べます)、町田寮に住む学生

に緊急アンケートを取りました。学生がどのような心理状態で生活しているのか、感染などの不安を抱えているのかを確かめたかったのです。根底にあったのは、このまま全員と共同生活をすることが学生のためになるのか、改めて考えたかったということです。

最初の質問は、次のようなものでした。

「一昨日の4月7日、安倍総理から緊急事態宣言が都内を含め7都府県に発令されました。君たちの社会生活活動に変化はありますか？」

この質問に「これまで以上に自粛する」と答えた学生は何人いたと思いますか？

4名でした。たったの4名。

残りの34名の学生は、これまで通りの生活をするつもりだと回答したのです。これには驚きました。思わず、

「君たちは、どうしてそう考えるんだろう？　緊急事態宣言が出たのは、結構たいへんなことだと思うんだけど……」

という言葉を漏らしてしまったほどです。ところが、学生たちからは、こんな声が聞こえてきました。

「僕たちは2月下旬から自粛生活しているので……」

言われてみれば、たしかにそうでした。選手たちの行動はすでに変わっていたのです。首都圏で感染が拡大してからは、練習以外に外出することはほとんどなくなっていました。ただし、町田寮では日曜の夜には食事が出ません。ふだんであれば門限を守って、みんなで食事に出かけたりするのです。しかし、自粛モードに入っていた学生たちは自分たちで材料を買い込み、寮の食堂で自炊をしていました。自分たちなりの「ステイホーム」を実践していたのです。

ふだんから手洗いやうがい、冬場にはマスクの着用をしているし、朝は5時過ぎから練習がありますから、そもそも不規則な生活なんてしていません。今さら特別なことをするというよりは、これまで通りの生活スタイルを維持するだけ、というのが大半の学生たちの考えでした。

私は、ここに青学の強さがあるんだと実感しました。緊急事態宣言を待つまでもなく、感染予防に最善を尽くしていたということなのです。

それも一朝一夕にできあがった生活習慣ではありません。2004年に私が就任してから、規律ある生活を唱えてきましたが、三大駅伝のひとつである出雲駅伝で初優勝した2012年ころから、急速に規律ある寮生活が定着していました。

ちょうど私が学生を指導し始めてから、学生たちが一巡、二巡して「原イズム」が浸透した時期と重なるのです。それまでは門限を守らなかったり、こっそり飲酒する学生がいたりしたのですが、この頃になると、夜10時の門限を破る学生はいなくなり、それどころか夜9時に帰ってくるのが当たり前になっていました。そうした習慣が10年ほど続き、常勝軍団の土台を作ってきたのです。

そう考えると、今回のアンケートでの「34人」の意味が分かってきました。

彼らには、なにも言う必要がなかったのだ、と。私は思わず「そりゃあそうだな」と思わず笑ってしまったほどです。学生たちも、「監督、今さら何言っているんだか」と平然としたものでした。

振り返ってみれば、これまで16年間、町田寮内でインフルエンザやノロウイルスの集団感染が起きたことは一度もないのです。これは偶然ではないと思いました。まだまだ未知の面が多い新型コロナウイルスについては、100%感染が防止できるとは言い切れないことは承知しています。それでも、青山学院の陸上競技部として最善の手段で防止していることは胸を張って言えます。

自粛を受け入れても、不安はあったということです

日ごろの生活については、それほど影響はないと答えた学生たちでしたが、「緊急事態宣言によって不安を感じたことはありますか?」という質問に対しては、やはり様子が違いました。

不安がないと答えたのは18名。残りの30名が不安を感じる、という回答でした。

私としては、この理由を探り、解消に努めなければいけません。そこで、不安を感じた30人に「不安なことを3つ挙げてもらっていいかな」と追加で質問をしました。すると、集計上位には次のような項目が上がってきました。

・今後、試合は開催されるのか　14件
・授業はどうなるのか・オンライン授業への不安　12件
・家族・知人の心配（感染・健康・収入など）11件
・寮内感染や、自身の感染　10件
・就職活動への影響　7件

・いつ新型コロナウイルスが終息するのか　6件
・競技力を上げることができるのか　3件

こうした不安が並んでいました。試合が開催されるかどうか、日本はおろか、世界中の誰もが回答を示せないものもありました。

学生たちの声を聞いたことで、私にも学びがありました。たしかに、このまま試合が見えない状態では、練習にもフォーカスしづらい。やはり、目的、ゴールがなければ人間は頑張れない。それならば、私が練習方法を工夫していくしかないと思いました。

加えて、感染の拡大、寮生活でのクラスターの発生を心配しているのも理解できました。もしも、感染して重篤になってしまった場合、競技どころではなくなってしまう。それならばリスクの低い地方に帰った方がいいのではないか？　そう考えるのは自然でしょう。不安を解消するために必要なことは、共同生活のなかで目的意識を共有し、今まで通りの感染予防を徹底することに尽きました。

ひとりで怖がることはない。みんなで危機意識を共有し、行動していけば恐怖は消えます。それは仲間への信頼にもつながります。疑問を持っていた学生に対しても、不安を取り除いて活動を継続することを納得してもらえたと思っています。

今回のコロナウイルス禍で、リーダーの役割が明確になりました

コロナウイルス禍を乗り越えるために、私は全員でミッションをやり遂げることを選択し、6月末の時点でひとりの感染者も出すことなく活動を継続することができたのです。学生たちも自由な時間を謳歌することを我慢してくれました。オフの日に遊びに行けない学生は気の毒でしたが、彼らも自覚を持って行動してくれました。選手としての責任を自覚してくれていたのです。

今後、第二波、第三波の到来も心配されていますし、これだけ対策を採っても感染者は出るかもしれない。それは誰も否定できないでしょう。

ただし、青学としては最大限の注意を払って活動を行ってきたと胸を張って言える体制は整えたつもりですし、今後もこれは継続していきます。

結局、リーダーの役割というのは、自分がやりたいことを実現するために、情報を精査し、方針を決めること。もちろん、その方針はメンバーに共有されなければ意味がありま

せん。学生諸君に納得してもらい、一緒に新しい生活様式を作っていく。日本中の様々な組織が揺らぎに直面した中で、青学の陸上部としては軸をぶらさずに第一波を乗り切ることができたと思っています。そしてこの時期の我慢が、いつか花開くと私は確信しています。

やはり、リーダーの覚悟が組織の方向性を決めます。そして覚悟がどうやって決まるかは、私は「改革する思考」から生まれると思っているのです。

3

改革発想を持つ選手を育てる

青学の陸上部という場は発想を磨く場なんです

改革発想を持てば、社会はきっと変わります

コロナウイルス禍はいつまで続くかは分かりません。ここまで書いてきたように、様々な出来事を自分なりに考え、分析し、そのうえで適切に行動しなければ、日本は細っていくような気がしてならないのです。

上が決めたことだから……という言葉は、聞きたくありません。決められたことは、必ずしも正しいとは限らないからです。唯々諾々と従うのではなく、自分の知恵を振り絞り、最適解を探す努力を続けていく。

これが改革する思考の原点です。

改革へのマインドを持つと、アイデアが浮かび、考えたことを表現したくなるはずです。それが人間の欲というものだからです。そうすれば、人間は行動に移ります。

こうした思考を続けていくと、考え始めることから行動に移るまでのスピードが一気に

上がります。すると、アイデアがどんどん生まれ、組織の改革スピードが上がっていき、よりよい組織になる可能性が高くなります。

私は、青山学院の陸上競技部は10年以上の歳月をかけて、組織として強くなったと自負しています。

そして、日本の教育や未来のことを考えると、私たちの世代だけでは時間が足りないことに気づきました。もちろん、私はとことんあらゆることを改革するつもりではいます。しかし、いつ時間切れになるかは分かりません。それならば、原イズムともいうべき、改革する思考を持った選手たちをひとりでも多く育てよう。そう考えるようになりました。それが未来の陸上界、そして日本の活力になるはずです。

実際、卒業生たちはそれぞれのフィールドで活躍し始めています。おそらく、学生生活の4年間で私の発想に触れ、彼らが社会に出て、彼らなりに疑問を持ち、考え、そして行動に移しているのかな、と思います。彼らが社会と妥協せず、自分なりの発想で行動していけば、日本は変わります。私はそう信じています。

その意味でも、学生時代にどういう環境に身を置くかは、人の一生を変える重大事ではないでしょうか。

学生には「デュアルキャリア」を意識して欲しいのです

私は学生たちに卒業後、必ずしも選手としてトップになって欲しいとは思っていません。もちろん、オリンピックに出場する選手は出て欲しい。ただし、それは大学での競技生活以上に競争は激しいし、簡単なことではない。それならば、それぞれの決めた道でトップを目指せばいい。そう思っています。

青学の卒業生は、これから社会で大きな役割を果たしてくれると信じています。4連覇、そして2020年の優勝に貢献したメンバーは、これから競技者としてピークを迎えるはずです。日本の長距離界に、青学の卒業生のプレゼンスが高まっていくのは間違いないと思います。

そして競技面だけではなく、もっと遠い将来には企業活動であったり、スポーツ産業の様々なエリアで卒業生が活躍する絵が私には思い浮かびます。

それはなぜか？　青学の選手たちには、学生の時から「デュアルキャリア」を意識させているからです。

幾度か書いていますが、私は中国電力の選手として結果を残すことができませんでした。

一度、駅伝のメンバーとしてブレーキとなったことがあり、月曜に出社した時のオフィスの雰囲気をいまでもありありと思い出すことができます。

みんなが、私に対して腫れ物に触るように接していました。私のなかの、つらい思い出です。

地元の広島出身で、大学時代にもそれなりの結果は残した。中国電力の陸上競技部としては「強化一期生」であり、期待がかけられていたのです。しかし、実業団になればさらにレベルが上がり、要求も高くなってきます。

誰しも、社会人になってから思ったような結果が残せないことは十分に起こりえるのです。そんなときに、もうひとつのキャリアに対する備えがなければ、人生はさびしいものになってしまうのではないでしょうか。

デュアルキャリアは、陸上と自分の人生の「両輪」を充実させて欲しいという意味で私は学生たちに話しています。ただし、実業団で陸上がうまくいかなくなってから準備したのでは遅い。学生のときから基盤を固めていけば、十分に備えることができるんだよ、と私は選手たちに話しています。

ただし、これは陸上からの逃げでは決してありません。「ダメだったらサラリーマン」

という発想ではどちらも成功しません。デュアルキャリアを意識した発想を身につければ、陸上でも、そして仕事でも成功する確率が高まるよ、ということを伝えているつもりです。

学生時代に「計画性」を体に沁みこませること。これが大切だと思います

では、デュアルキャリアに必要な要素とはなんでしょうか。パッと思い浮かぶ3つの要素をあげてみます。

・計画性
・分析力
・コミュニケーション力

この3要素は私の指導経験から導き出されたものです。数年前のことですが、勧誘で全国を飛び回っていると、高校のレベルだと、その日の練習の概要を把握していない選手があまりにも多いことに気づきました。指導者から与えられたメニューをこなしているだけ

――という選手が半分以上いました。

トレーニングには計画性が必要です。高校生が知らないということは、指導者が説明していないか、それとも指導者が説明しているにもかかわらず、受け手である選手個人の問題であるか、どちらかです。

強くなるためには、計画性が欠かせません。ターゲットとなる大会に向けて、逆算してトレーニングを組み立てていかなければなりません。

青山学院にとって、最大のターゲットである箱根駅伝。この舞台で勝つために逆算してトレーニング計画を組み立てていくわけです。

ここでは2020年箱根駅伝を例にとってみましょう。2019年の大会では、最強の4年生を擁しながら敗れたこともあり、年間計画を見直したシーズンでした。

通常であれば、春から初夏にかけてのトラックシーズンは、スピードを磨く時期でした。しかし敗れたこと、チームの核となっていた4年生が多く卒業してしまったことから、2019年の5月には走り込みを重視した菅平合宿を実施しました。乾燥機に残された洗濯物に端を発した「令和の変」が起きたあの合宿です。秋になってのタフな練習に耐えうるだけの土台を身につけようと考えたのです。そのおかげでスピードは犠牲になり、トラックシーズンでは結果を残すことはできませんでした。関東インカレでもふるわず、「今年の青学は大丈夫か？」と心配されたほどです。

内心、不安がなかったといえば嘘になります。ただし、学生たちと「箱根駅伝優勝」という目標を共有できていればこそ、年間計画に沿って強化を進めていくことができました。それを受けて、夏合宿で練習量をグッと増やす。箱根駅伝のある時期に、練習の質を上げる。そしてまた、ある時期にはリフレッシュ期間を設けて、選手たちの心身の回復を促す。学生のうちに計画性を体に沁みこませること。私はそれが改革発想を持つ若者を育てることにつながると思うのです。

計画性を育みたい。でも、ジュニアの指導者はオーバーコーチングに陥りがちなんです

計画性を構築する能力は、受験勉強にたとえると分かりやすいでしょうか。受験に向け、それぞれの教科をどの時期に仕上げるか、その計画性、そして実行力が合否を分けます。

青学でも、学生たちの試験、そして卒業論文の準備の様子などを見ていると、それぞれの

選手たちの性格が見えてきて興味深いです。自らの目標に向けて、計画を練る力が改革発想の土台を築きます。

受験勉強での計画は、できるだけ早い時期にすべてのエリアをカバーし、教養の土台を作る。そして夏以降に模擬試験で実践に則した力を養っていく。

模擬試験は、陸上競技の世界ではタイムトライアルや競技会、ハーフマラソンの大会と一緒です。ここで力を発揮してこそ、本番に臨むことができる。

大切なのは、計画を立案する中で重要な模擬試験を設定し、そこまでにある程度仕上げて、結果を残すこと。積み残しはあっても構わない。その時点での力を確認し、強化フェイズでのラストスパートにつなげることが大切です。

ただし、陸上の世界においては、こうした計画性を育むことが難しいのが現実です。なぜなら、指導者がジュニアに対して「オーバーコーチング」になりがちだからです。

中学、高校での指導できる時間は限られています。卒業までアッという間。２０２０年はコロナウイルス禍もあり、部活動の時間が制限されたことで、さらに時間がない。それならば新しい練習に挑戦したり、学生たちの発想を豊かにするトライアルの期間を設けるよりも、ある程度の結果が見込めるメソッドを選手たちに与えることになります。

するとどうなるか。

中学、高校レベルだと、指導者が選手にコミットしすぎてしまい、計画性や自主性といった能力が育ちにくくなるのです。「このメニューをやっておけば、絶対に勝てる」という説得の仕方もあるにはあります。そして実際に、選手たちは優勝というかけがえのない体験を得られるかもしれない。それでも、上のレベルで競技を続けようとすると、個人の自主性や計画性が備わっていないと、伸び悩んでしまう場合もあります。これは指導者のジレンマでしょうが、現状の強化と、将来性のバランスを考えながらコーチングしていくしかないと思います。

私は学生生活とリンクさせながら、計画性を高める努力を惜しんではならないと思っています。

高校生と話すのは、面白いですよ

私自身、改革する思考を持つ学生と一緒に時間を過ごしたい。勧誘活動をしていくなかで、高校生と話すことを重視しています。高校生と話すのは面白いですよ。私が気にしている項目には、次のようなものがあります。

・人の目を見て話しているか
・「いい返事」をすることに心を奪われていないか
・自分の言葉で考えを話すことができるか
・人生、そして陸上競技の計画性を持っているか

こう書いてみて気づくのは、走力はもちろんのこと、人間としての「総合力」を見ているのだな、と思います。対面で話をしてみて、しっかりと私の目を見ているか。日本人は、目上の人間に対して視線を合わせることを良しとしません。失礼に当たると思ってきましたが、もはやそういう時代ではないでしょう。テレビでしか見たことがない私に対して(私と話すことは、高校生にとってそれなりに緊張することのようです)、目を見ながら話せれば、「青学でなにかを成し遂げたい」という気持ちがそれだけで感じられます。

もうひとつ、私が重視しているのは「ハイ」という返事です。名門校と呼ばれる学校を訪ねると、先生の問いかけに対して元気よく「ハイ!」という返事が聞こえてきます。

ふつうの人たちだったら、それだけで心が和むかもしれません。しかし、私は違います。「ハイ」の中身が気になるのです。

実際に高校生と話をしてみて、「このことについてはどう思う?」と質問をすると、「ハイ!」と答える生徒がいました。私が「いやいや、どう思っているのか聞いてるんだよ」と改めて尋ねると、ハッとしたような顔になり、自分が考えていることを話してくれます。

ハイ、といういい返事に騙されてはいけないのです。部活動の先輩、後輩との上下関係、あるいは指導者との関係性。そうした日本的な人間関係のなかで、機械的に返事をすることが中学生、高校生に求められる場合があります。つまり、目上の人間が「従順さ」を要求し、考える力を奪ってしまうのです。

これでは、改革発想を持った人間は育ちません。

目上の人間の目を見て、そして自分の言葉で考えをしっかり話せる。これが高校生を見るときのポイントです。

言葉を持っている選手は、成長が早いように思います。2020年の箱根駅伝の2区でトップに立ち、総合優勝に大きく貢献した岸本大紀(三条・新潟)は飄々としていますが、高校時代からしっかりと自分の考えもあり、かつ、ランナーとしてのプランを持っているように思いました。すると、入学してからも手間がかかりません。

陸上の練習には「各自ジョグ」というものがありますが、自分の体調や練習計画を睨みながら、走るペースや量を自分で調整します。岸本は、入学当初から必要な練習を把握できているようでした。春から順調に練習を重ねていった結果、箱根駅伝での快走につながったわけです。

自分の言葉で話す。それは、自分のことを知り、把握していることの表れなのです。

「計画上手」の人間はいます。でも、レビューをしないと成長はできませんよね

ここからは分析力と、プレゼンテーション能力の話になります。

選手は、自分のことを知っていれば、成長するための適切な計画を立てることができます。陸上の例でいえば、5000mのベストタイムが14分45秒の選手がいて、今月の目標を「14分15秒に到達」と書いてきたとしたら、それは夢物語に過ぎません。適切な目標設定とは言えないのです。練習でのタイム設定で負荷をかけ、そのうえで5秒、10秒縮めら

れたら大成功です。

自分を知るうえで大切なのは、「レビュー力」だと私は思っています。

青山学院では、早い時期から「目標管理シート」というものを導入しています。1か月ごとにシートに目標、そこに到達するための具体策を記入していきます。

自分だけでは独りよがりになりがちで、目標を立てただけで満足してしまう選手もいるので、選手たちがシートを見せ合い、「目標管理ミーティング」というものを行います。

このミーティングの意味はなにか?

青学の選手たちは普段から練習日誌をつけ、目標管理シートに記入するわけですが、ひと月が経って振り返ったときに、目標に到達しなかった場合、選手たちは勝手に自分に都合よく目標や記憶を修正してしまう。それでは意味がなくなるわけです。

そこで青学ではどうするか。個人としてチームメイトと向き合うわけです。自分ひとりでレビューするだけではなく、グループディスカッションの形態をとることで、「客観性」を保ちます。

5、6人のチームメイトの前で話し合うことで、自分に嘘をつけなくなります。つまり、説明責任アカウンタビリティが生じるわけです。こう書くと、目標になにがなんでも到達しないといけないように思えますが、たとえ目標に達していなくても構わないのです。なぜ、目標に到達できなかったか自己分析を行い、それを仲間から批評してもらえば次につなげることができます。選手たちの分析力はこうして磨かれていきます。

客観性に加えて、私は「プレゼンテーション・スキル」も大切だと思っています。日本ではこのスキルが重視されていないのではないか？　と思うことがあります。見せる技術は、単なるスキルであって、本質ではないでしょ、と。

私は発表する力は、そのまま伝える力につながると思っています。たとえ、素晴らしいアイデアを思いついていたとしても、それを言葉に変換できなければ伝わらないし、プランも実現しない。

日本語には「加工」という言葉があります。辞書を引くと、こんな解説が載っています。「人手を加えること。細工すること。原料または他の製品に手を加えて、新しい製品を作ること」

細工とか書いてあると、どうもフェイクのようなイメージが湧いてきますが、私は「新しい製品を作る」という意味が好きです。アイデアの原石を、言葉やアプリを使って新しいレベルのものへと昇華させる。もちろん、それがまがい物であってはいけません。本物をよりよい形で見せるのが大切だと思うのです。

青山学院で行われる目標管理ミーティングは、発表する側はプレゼンテーション・スキルを磨き、そしてそれを聞く側も批評する力を身につける場です。

計画上手ではなく、本質を作る場であることが重要だと思うのです。

情報を集める力があっても、改革発想には結びつきませんよ

改革発想を養っていくには、様々な力が必要です。

特にコロナウイルス禍で分かったのは、情報の扱い方です。不安な情報が先行したことで、大学に限らず、教育現場での学習機会が著しく損なわれました。オンライン授業の定着などによってプラス面もありましたが、情報を正確に評価していたとは思えませんでした。

つまり、情報を集める力だけでは発想力は磨かれません。情報収集は「諸刃の剣」ということだったのではありませんか？　たとえば、学生の中にもSNSでネガティブな情報に晒された結果、元気を失ってしまった人もいました。

今回分かったのは、集めるだけではなく、「情報を分析する力」がなければ、適切な行動がとれないということだったと私は思います。つまり、情報を集め、加工していく力。ここでも加工という単語は、ポジティブな言葉です。情報、数字などは加工して自分のものとして落とし込んでいかなければ意味がありません。

たとえば、数字の扱い方ですが、青山学院の選手たちに則して考えると、「月間目標走行距離」という指標があります。なんだか車の走行距離みたいですが、選手たちの足回り、心肺能力を鍛えるためにはある程度の距離を走った方が効果的なのは間違いありません。目標管理シートでも、「今月の目標800km」といった数字が上がってきます。そして実際に達成したとする。しかし、私から見れば、800kmという数字には大きな意味はないと思います。重要なのは、自分がどんな内容で走っているのか、そのデータを分析する力なのです。

ジョグで稼いだ距離なのか。それとも、スピード練習を多めに取り入れた強度の高いものなのか。あるいは昨年同時期と比較して、どのような結果が予想されるのか。そして実際に、1週間、2週間後に自分の身体にどんな変化が起きたのかまで分析できなければ、次のターゲットにつなげられないのです。

私が求めているのは、単なるデータ集めではないのです。どう情報を加工し、それを強化に結びつけられるのか、自分の成長を促し、その知見を基にして、青山学院の組織の改革に活用できるのかを問いたいのです。

その意味では、選手たちには高校まで数学はしっかりやってきて欲しい。アカデミズムの場にいると分かりますが、数学、統計が現代ではより重要な意味を持っています。行動経済学の流行なども、心理学と経済学、数学の「加工」です。加工する技術を高校の教室でしっかりと学んできて欲しい。そうすれば、青山学院の選手たちから改革する思考が発信できるようになるはずです。

情報加工、脳内加工。いろいろな加工があります

現代で求められているのは、「情報加工業」ではないでしょうか。かつての経済は第一次産業品の加工が主流でした。いまは、第三次産業での加工が大きな力となり、コロナウイルス禍を経て、より情報の読み解き方が重要性を増しています。

改革発想を持つためには、最初はものまねから入るので私は構わないと思っています。

たとえば、高校を卒業したばかりの1年生が青学に入学してきたとする。練習の内容が高校とはまったく違う。たとえば、私は「100m×10本」というようなメニューを与えます。高校の練習では絶対に実施されない練習メニューでしょう。

数字だけを見ると、何やら短距離の強化のようですが（実際、短距離ではこんなメニューはないと思いますが）、選手は100mを全力で走り、回復時間を取りながら、10本こなします。

おそらく、1年生は、メニューの意図をくみ取れないでしょう。この練習は何を目的としているのかはもちろん説明しますが、理解しきれない。しかし、理解への道筋はあります。先輩たちがどのようにリカバリーをして次の1本を質の高いものにしているのかを見て、観察していけばそこに「学び」が生まれます。

そこから加工がスタートします。自分の体調などに合わせ、練習の最適解を見つけられるようになります。つまり、練習という情報、先輩たちの練習へのアプローチといった情報をすべて吸収し、「脳内加工」することが大切です。脳内加工に重要なのは、すべて「自分ごと」として捉えることです。そうすれば、最短距離で加工を行うことが可能になり、それは自分の速さ、強さへとつながっていきます。

ものまねから始まり、情報加工、脳内加工といった作業を経て、成功を収めれば、それは自分の財産となっていきます。

加工は改革への第一歩なのです。

4

改革する思考で、箱根駅伝だってこんなに変わる

箱根駅伝という大会はもっと面白くなりますよ

私は学生に恵まれた環境で競技に取り組んで欲しいと思っているのです

箱根駅伝は学生スポーツとしては大きな社会的な影響力を持っているのは間違いないでしょう。学生スポーツでは、夏の甲子園と箱根駅伝が両横綱ではないでしょうか。歴史を振り返ってみると、私が高校生だった1980年代中盤まで、箱根駅伝は全国的なコンテンツではなく、関東の一部と、卒業生、そして陸上ファンだけのものだったと思います。箱根駅伝が変わったのは、1987年に日本テレビ系列で全国中継されるようになってからです。

これが箱根駅伝史上、もっとも画期的な出来事だったと思います。つまり、テレビの持つ力が箱根駅伝を大きく発展させたのです。

日本テレビでの中継が始まってから30年以上が経過し、箱根駅伝熱は2024年の第100回大会に向けて、ますます盛り上がることでしょう（新型コロナウイルスのことが気がかりではありますが)。しかし、私の目からは箱根駅伝をこのまま維持しているだけでは、これ以上の発展はないと考えてしまうのです。

これ以上、何を望むのか? という意見もあるでしょう。しかし、私から見れば、もっともっと箱根駅伝は影響力を増すことができるし、その延長線上で陸上競技が魅力あるスポーツへと成長できると信じているからです。

つまり、改革の余地があるのです。

ひとつ、私が書いておきたいことがあります。

「原は、現状の批判ばかりしているじゃないか」

と言われることがあります。仕方がないと思いつつも、私は否定することはしていません。否定する文化は大嫌いです。

組織には必ず弱点があります。例外はありません。完璧な組織など、この世には存在しないのです。だからこそ、常に改革する思考を持って課題の解決を図る。陸上界の組織は、改革の余地が多く残されており、さらなる発展が期待できるだけに私としては歯がゆいのです。

まもなく第100回を迎える箱根駅伝とは、いつの時代も学生が頑張って歴史をつないできた奇跡の大会のように思えます。

私は、学生がよりよい環境で陸上部を続けられるように環境を整えたいのです。忘れて欲しくないのは、学生は身銭を切って競技を続けているということです。陸上部も夏合宿を行うときには、予算を組み、その範囲内で効果的なトレーニングが積める場所を探しています。

箱根駅伝という、いまや国民的な行事を支えている学生たちには、もっと見返りがあってもいいと思うのです。

それは学生たちにお金をあげろと言っているのではありません。プロスポーツではありませんから。

私は、学生の競技、そして学生生活を支えるべきビジネスモデルを立ち上げるべきだと思っているのです。

アメリカのNCAAには参考になる仕組みがあると思います

日本でも学生スポーツの統括団体である「UNIVAS」が設立されましたが、このモデルとなったのは、アメリカのNCAAでしょう。

NCAAについていろいろ調べていくと、二大花形スポーツはアメリカンフットボールとバスケットボールで、アメフトは秋から冬、バスケットは冬から春にかけて全米中で盛り上がり、大きな注目を集めるようです。選手たちは、大学側から奨学金の申し出があれば、学費と教科書代が支給されるという「アスレティック・スカラシップ」、すなわち運動奨学金をもらって学ぶ機会を得られます。

また、アメリカの大規模校になると、アメフトのスタジアムは巨大で、中には10万人規模の収容人員を誇る競技場もあるそうです。バスケットボールのアリーナも大きく、専用の陸上競技場にはスタンドもある。これらの収益によって競技施設の充実、拡充が図られ、選手は恵まれた環境でトレーニングを積むことが可能になります。

まさに、大学のスポーツビジネスが好循環を生んでいるのです。

もっとも、バスケットボールで才能豊かな選手は、1年か、2年だけ在籍して、プロへと転向するようです。ワシントン・ウィザーズで活躍する八村塁選手は、宮城・明成高校から奨学金をもらってゴンザガ大学へと進学し、3年終了時にプロになっています。いろいろな選択肢が用意されているということですが、こうした仕組みは日本でも応用可能なのではないでしょうか。
たとえば、青山学院大学が所属する関東学生陸上競技連盟（関東学連）では、箱根駅伝の収益を学生の勉学、そして競技環境支援にお金を使う——という志を持ったとしたら、どうなるでしょう?

収益が上がってくれれば、関東学連に所属する学校に対しては、お金を給付する。それには条件をつけ、たとえば1学年あたり5名から10名ほどの学費を支援する。また、環境整備のための給付金も別に支給する。どうでしょう、このアイデア。

私も、日本とアメリカの環境の違いは重々承知しています。首都圏にある大学が、自前のスタジアムを作るのは不可能でしょう。だからこそ、NCAAの方法をそのままコピーするのではなく、日本流のやり方を考え、各大学が潤い、学生にメリットがあるような施策を打ち出していく。

これまでの日本のスポーツ界のビジネスモデルは、選手からの登録料で運営する方法がほとんどです。中学生、高校生からも登録料を払ってもらい、そのお金を回してなんとかやっていく。

このスタイルでは、夢がありません。

ハッキリいえば、この運営方法は昭和の旧態依然としたスタイルです。それはもう、令和の時代にはそぐわない。

選手がお金を払って競技団体を支えるのではなく、統括団体が学生たちを支える方がカッコいいと私は思うのです。

「スポーツビジネス＝悪」という発想は、学生のことを考えてないと思います

日本では、アマチュアリズムが尊ばれる傾向があります。スポーツビジネス＝悪、と思っている人がいまだにいるのではないでしょうか。

私が提唱しているのは、スポーツ、陸上競技から生み出された利益が、監督や選手といった個人を潤すわけではなく、学習環境や練習環境の整備という、いわば活動の充実のためにお金を使いましょう、ということです。つまり、公のこと、選手を取り巻く競技環境の改善を行いたいのです。

私はなにも、長距離ブロックだけの充実を唱えているわけではありません。関東学連と

いう組織全体で課題を捉え、箱根駅伝などから生み出される利益を短距離、中距離、そして跳躍や投てき部門の学生たちにも還元していく。そうした環境を用意すれば、才能豊かな選手が、野球やサッカーやラグビーではなく、陸上を選んでくれるのではないですか？すると、オリンピックに出場し、メダルを争うようなスターが誕生するでしょう。少年少女たちは、スターを見れば憧れ、陸上に親しむようになります。この循環を作れれば陸上界はより発展するはずなのです。

監督は、「営業マン」的資質が大切だと思うんです

これは決して夢物語ではありません。私は青山学院の近年の活動で、選手たちの可能性を大きく感じています。

とある選手には、海外のクラブからオファーが来ました。箱根駅伝、そして日本のマラソンレースは、海外から注目を集めています。新型コロナウイルスの問題で、今後は海外での活動に制約がかかる可能性はあるものの、日本の学生にはそうした選択肢が生まれているのです（だからこそ、高校時代から英語はしっかり勉強しておいて欲しいです。教科

書だけではなく、生きた英語を）。

私にも、青山学院での解決すべき課題があります。お金の問題です。ざっと思いつくだけでも、活動費として次のような項目が必要になってきます。

・奨学金制度の充実
・運動用具の充実
・ボディケアの充実
・年間60日ほどの合宿費
・出雲駅伝への遠征費
・全日本大学駅伝への遠征費
・地方のトラックやロードレースへの参加費（パッと思いつくだけでも織田記念陸上・広島、兵庫リレーカーニバル、丸亀国際ハーフマラソン・香川など）
・海外遠征試合、合宿費

大会の場合、主催者からの支給もありますが、ほとんどの場合、持ち出しの方が多いのが現状です。他の大学では、マネージャーは自腹で大会に行っていると聞いたこともあります。どの大学陸上部もバイトは禁止されているでしょうから、親御さんに負担をかけているという意識を、どの大学の指導者も持っていることでしょう。

私は、青山学院の陸上部としてより充実した環境作りのため、積極的に収益構造を作っていきたいと思う。

いまは大学への予算申請があり、OBからの協力をもらって、なんとか予算のやりくりをしているわけです。お金さえあれば……2月の後期試験が終わったら、積極的に海外試合や合宿に行けるわけです。

また、経済的負担により大学進学を断念せざるを得ない学生への教育費のサポートにより、優秀な人材の確保ができると考えるのです。

学生3大駅伝を縦貫した次の目標として、世界で戦えるトップアスリートの育成に尽力することが、私の大学駅伝界での集大成としてのチャレンジになります。

そのために必要な資金は、大切なツールのひとつであると考えています。

そして、活動資金を集めるために必要なのが「ブランディング」です。

私は、大学の陸上競技部というものは、ブランディングを意識していくことで活動の可能性を広げられると思っています。大学長距離界は、他の大学スポーツよりも注目度が高いこともあり、企業にとっても魅力的なコンテンツのはずです（コンテンツというと、怒り出しそうな人がいますが）。事実、各大学ともいろいろな形で企業の協力を得て活動をしているわけです。

青山学院はアディダスの協賛を得ながら活動を行い、部としては、アディダスのプロモーションビデオなど、企業活動に協力しています。また、食品業界からも支援を頂戴して部の運営を行っていますし、企業、そして卒業生をはじめとしたみなさんからの差し入れもありがたい。

その収益を上げるためのチャンスが、２０２０年度のルール改正により生まれました。ユニフォームにもう１ヶ所企業スポンサーロゴをつけることが可能になったのです。

私は企業との「パートナーシップ」を進めることで、学生たちの活動をより支援できるのではないかと考えているのです。

実際、大学はこの数十年で「産学協同」を進めてきました。学校が企業との連携を深めることで、学生にチャンスを与えようとしているわけです。それなのに、スポーツの世界だけがアマチュアリズムを墨守して、お金を遠ざけるなんてことは、自分からチャンスを放棄しているようなものです。

だからこそ、私は監督たるもの「営業マン」になるべきだと思っているのです。

よりよい活動環境を作れば、選手たちの成績も上がる。そうすれば、強い選手が入学を望み、安定的な強さを発揮できるようになる。好循環を生み出すのは、監督の改革する思考、営業マインドだと私は思っているのです。

私自身は、「箱根駅伝全国化」について、まずは議論をするべきだと思っているんです

陸上競技、そして箱根駅伝の可能性を広げるという意味で、私は箱根駅伝の全国化を提唱してきました。その方が、より魅力ある大会になると考えているからです。

ご承知の通り、箱根駅伝は関東学連が主催しており、関東ローカルの試合です。かつて、全国の大学に門戸を開いたこともありますが、日本テレビ系列による全国中継が始まってからは、関東以外の学校の参加はありません。

何度か、メディアを通じて私は全国化を唱えてきましたが、関係者の反応は芳しくあり

ませんでした。その根っこにあるのは「箱根駅伝は自分たちのもの」という意識が強いこと、いや、強すぎるのではないでしょうか。

もちろん、先人たちへの敬意は私にもあります。NHKの大河ドラマ『いだてん〜東京オリムピック噺〜』でも描かれたように、ストックホルム・オリンピックに参加された金栗四三さんをはじめとした先輩方の尽力によって箱根駅伝が始まった。第二次世界大戦の間も、大会が開けるように知恵を絞った。そして戦後もいち早く大会を復活させ、その努力の積み重ねがいまの繁栄をもたらしたことは言うまでもありません。

しかし、コロナウイルス禍を経て、私は日本が変わろうとしているのを感じますが、箱根駅伝も変わらなければならないと思うのです。

学生の首都圏一極集中の解消も求められているのではないでしょうか

コロナウイルス禍は、大学に大きな影響を及ぼしました。陸上部員に限った話ではなく、すべての大学生が未曾有の事態から逃れられませんでした。

もっとも大きな変化は、オンライン授業の定着でしょう。

私自身は対面での指導は重要だと思っています。目と目を見合わせた時の、目力は重要な情報です。面と向かって話し合うことで生まれるアイデアも必ずあります。

しかし、こと大学の授業に関していえば、オンライン授業でも場合によって成立することが教職員、そして学生も分かってしまったと思うのです。

おそらく今後、学生たちは一定の割合でオンライン授業を望むでしょう。特に、朝の一限目に満員電車に乗って都心に向かうのは精神的、肉体的負担も大きく、感染症の対策の観点からも不安が残ります。おそらく、家に居ながらにして学ぶことが増えるのは間違いありません。

こういう状況を眺めると、いろいろなアイデアが浮かんできます。

東京の大学に合格したとしても、学生は必ずしも東京に住む必要はなくなるのではないか。

ただし、通信制の大学では「スクーリング」が人気だというから、対面授業の需要はある。すると、短期で大学の近くに住めるアパートなり、マンションなりが繁盛するんじゃないか……。

こうした学生の生活周りのことは大きな変化が予想されますが（加えて、学生街のお店は大変な状況になっています）、もっとマクロの視点で捉えると、日本が抱える問題が浮かび上がります。

首都圏への一極集中です。

ここ数年、文部科学省の指導もあり、首都圏の私立大学は定員以上の学生を受け入れることが難しくなっています。経営的には、定員よりも多くの学生を入学させた方がいいですし、それが普通でした。しかし、一極集中を避けたい文部科学省としては、地方の学生が地元にとどまるように誘導しているのです。

そのアイデアは決して悪いとは思いませんが、一方で、首都圏の私立大学の難易度が上がり、一般受験での入学は狭き門になっています。憧れの大学に入りづらくなっているのです。また、その影響で中学高校受験では、大学の付属校、系列校の人気が上がっています。これは間違いなく弊害と言っていいでしょう。

しかし、オンライン授業が定番になれば、一定の期間は実家で授業を受けることが可能になります。高校までの地域の結びつきが重視され、地方の活性化につながります。ジャストアイデアですが、ゴールデンウイーク明けや6月にスクーリングの期間を設けることでバランスを取ることも可能でしょう。ただし、こうなると部活動やサークル活動の規模が縮小される、という課題も出てきます。

もしも、大学がオンライン授業により重心を移していくとしたら、日本の教育界だけでなく、産業界にも大きな影響が出るかもしれません。大学の授業を家で学ぶとなれば、地元企業への就職を希望する人も今よりは増えるでしょう。

私は、地方から上京し、青山学院で陸上を続けている学生たちが、「卒業してから、なぜ、自分の故郷に帰らないのかな?」と不思議に思っていました。学生たちにこの疑問をぶつけると、十中八九、こんな答えが返ってきます。

「監督、地方には魅力がないんです。働ける企業は限られているし、そうなると公務員か地方銀行という選択肢しかなくなってしまって……」

それに比べると、首都圏にはたくさんの企業がある。つまり、「選択肢」の豊かさが東京にはあるのだ、と。

しかし、この価値観が変わるかもしれません。新型コロナウイルスの感染状況は首都圏をはじめとした人口密集地域で増加傾向にありました。2020年6月の時点では、岩手県の陽性者はゼロです。つまり、地方の方が安全だということが分かった。しかも、教育を受ける機会、内容が一緒ならば、地方にいた方がいいじゃないか。

そして地方からでも箱根駅伝を目指せるとしたら、地元に残って頑張るという選択肢だって持てる。一極集中解消に、陸上界だって役立てるのです。

みなさんは、そういう発想になりませんか？

箱根駅伝が全国化したら、指導者にとってメリットが多いはずなんです

オンライン授業が当たり前になったら、大学の陸上競技部はどうなるでしょう？ コロナウイルス禍では青山学院は全員が一緒にこの危機を乗り越えようと寮生活が続きました し、長距離は団体競技としての面も強く、オンライン授業が続いたとしても、私は寮の運営と強化はセットだと思っています。

ただし、選手全員を故郷に帰した大学もあり、こうなると「リモート練習」というものもシミュレーションしていかなければならないかな、とも思います。

私としては、今回のコロナウイルス禍を受け、学生たちの生活に則して部の運営をするならば、箱根駅伝を全国区にすることが一番いいのではないかと考えるのです。

それぞれの地域の大学が強化に乗り出せば、地元の学校に進む選手も多くなるでしょう。

そうすれば、長距離選手の首都圏への一極集中という課題も自然と改善に向かうはずです。

そしてもうひとつ大きなことは、指導者の雇用が生まれることです。これを見逃している人が多いのです。

現状、大学長距離界の雇用情勢を見ていると、流動性が低いのです。私は2004年から青山学院を指導していますが、もしも監督の流動性が高かったら、どこかの大学から高給で契約のオファーが来ていたかもしれません。アメリカだったら、そうしたダイナミズムがあったかもしれない。しかし現実はそうなってはいないわけで、指導者がいろいろな場所で選手を教えることは陸上界の活性化につながると私は信じています。

もしも、地方の大学が箱根駅伝を目指すことになったら、最初にやるのは、関東の大学の指導経験を持つ監督に声をかけることでしょう。いまは競争が激化していますから、監督だけでは部の運営はままならず、コーチが複数人必要です。核となるチームが地方に出現すると、その周辺の高校、地域のクラブも力を入れ出し、さらに雇用が生まれていくことになります。そうすれば、自然と陸上を愛する人が増えていくのではないでしょうか。

地方の大学が陸上によって活性化していくとなると、地方に負けてたまるかと、今度は関東の大学がさらに強化に力を入れるはずなのです。そして名門校にはプライドもあるでしょうから、人材の獲得、競技施設の充実などが図られていけば、レベルはますます上がっていく。

いま、書いていて思いついたのですが、大学が各地に「サテライト・キャンパス」を設けるかもしれません。まだ、思いつきの段階ですが、たとえば青山学院が私の故郷である広島にサテライト・キャンパスを作ったとする。だとしたら、中国、四国、九州出身の学生は、そちらのキャンパスで学ぶかもしれないので、サテライトで練習できる環境を作り、そこにコーチがいる――。こんなプランも浮かんできます。ひょっとしたら、私は東京と広島を往復しながら指導するようなことがあるかもしれません。

時代に合わせて、陸上も、部活動も変化しなければなりません。私はどんどん思いつきを話していきますが、間違いないのは、競争原理を導入することで、箱根駅伝が全国でより人気を博するようになるということです。

今まで培ってきた権利ばかりではなく、マクロ的な視点での運営が必要なのではないでしょうか。

箱根駅伝のアイデア？　たくさんありますよ

こうしたアイデアを言葉にしていくのは、やはり野球、サッカー、ラグビーに後れを取ってはならないという危機感からです。大局的視点に立ってみれば、残念ながら陸上競技はマイナーの域を出ません。

箱根駅伝が真の全国的な大会、コンテンツになるためには、改革する思考を発動する必要があると私は思うのです。

門戸の開き方はたくさんあります。なにも、全国枠を用意する必要はありません。予選会をオープンにするのでもいい。少なくとも「道」が箱根駅伝につながってさえいれば、全国が活性化するはずなのです。

運営についても、「箱根駅伝にはこんなことができるんじゃないか」と思いついたものがたくさんあります。

・大手町、箱根のスタート、ゴール地点で仮設スタンドを設置し、チケットを販売する。
　その収益を各大学の奨学金や、強化費へと充てる。

・選手たちが走るコースを、選ばれたファンの方が走ることができる。ただ単に走るのではつまらないので、家族でタスキを渡したりするなど、「絆」を感じさせるような演出にしたい。協力費を頂戴し、それを奨学金などに使うことをご了承いただく。

こうしたアイデアを出すと、必ず「箱根駅伝は商業目的ではありません」という反論をいただきます。

これはまったくもって、商業目的ではありません。

あくまで、選手の活動、そして学生たちが大学で学ぶための助けになるためのものです。私が唱える「理念」「ビジョン」に沿って考えるなら、大学での陸上競技部の活動は教育の一環です。

ただし、環境は大学によって千差万別で、選手の経済的な自己負担もかなりあります。関東の大学で陸上を続けるなら、経済的な援助が受けられるとなれば、より陸上を選んでくれる若者が増えるはずです。

箱根駅伝はお祭りだと思うんですよ

私は箱根駅伝が、どんどんにぎやかになればいいと思っています。なぜなら、箱根駅伝は関東学連の盛大なお祭りで、それが全国のファンのみなさんの共感を得ていると思うからです。

「スポーツは好きじゃないけど、毎年、お正月の箱根駅伝だけは観ちゃう」という人のなんと多いことか。それはめでたいお正月を迎え、久しぶりに家族と顔を合わせて、新年を寿ぐ。そこにはおせち料理があり、ビールがある。そこに箱根駅伝が一緒にある。素晴らしいことじゃありませんか。

だからこそ、私はお祭りに参加できてありがたいと思っています。私は選手としては箱根駅伝を知りませんが、指導者としてこのお祭りが楽しくて仕方がないのです。

それは関係者だけのものではありません。毎年、1月3日の大手町にはたくさんの同窓生がいらっしゃいます。母校の応援をした後に、同窓会に流れる方もいます。卒業生にとっても、お祭りなんだなと感じます。ひょっとしたら、箱根駅伝がシニアの方々の健康年齢にも貢献しているのではないかと思ってしまうほどです。「よし、来年も大手町に来るぞ」

という目標があれば、元気になれるのではないかと。

ひょっとしたら、大手町だけではなく、往路のゴール地点である芦ノ湖でもイベントがあってもいいかもしれません。ゴール地点へと右に曲がる交差点を、抽選で当選されたファンが走る。家族みんなで走ってもいい。「奨学金充当協力金」として参加費をいただく。つまり、みなさんにお祭りに参加していただけるように舞台を作るのです。

このアイデア、みんなが幸せになれるまさに「ハッピー大作戦」だと思いませんか?

アイデアひとつで業界は変わるんです

こうしたアイデアをどんどん繰り出していかないことには、プロ野球、Jリーグに追いつくことは不可能です。この二大プロスポーツがいまの繁栄を続けているのは、なにより も優秀な人材が豊富だからです。プロで成功すれば経済的な見返りは大きい。日本でトップ・オブ・ザ・トップになれば、引退したイチロー選手や、現役メジャーリーガーのダルビッシュ有投手、田中将大投手のように世界最高峰の舞台でプレーできるだけでなく、日本の数倍もの年俸を手にすることが可能になります。

メジャーリーグ、やっぱり夢があるじゃないですか。

若者に箱根駅伝を夢見てもらうためには、大学の陸上界全体として、勉強にも、競技にも憂いなく集中できる環境を整えたい。そして選手たちは大学でそれなりの結果を残せば、その後のプロのキャリアが開けていく。

東京オリンピックを前にして男子のマラソンが盛り上がり始めたのは、2018年の東京マラソンで設楽悠太選手が日本新記録をマークして、「1億円をゲット」した時からではないでしょうか。これは夢がある企画で、このあとに大迫 傑選手が記録を更新していきますが、1億円の財源となったのは、日本実業団陸上競技連合とスポンサー企業です。業界全体が盛り上がれば、お金も集まってくるのです。

実業団で活躍している選手たちも、たとえば2時間7分台をマークしたらボーナスが支給される――といった契約形態を結んでいるようです。

結果を残せば、経済的にも安定する。そうした「キャリアパス」をしっかり提示できれば、陸上界に才能豊かな選手が集まり、未来は明るいものとなるはずです。

箱根駅伝だけではなく、陸上界全体がお祭りにならないか。これからも、私はそんなことをずっと考えていくと思います。

5

MGCは改革発想の賜物だ！

MGC、盛り上がりました。陸上の可能性は無限です

日本の高校、大学スポーツにマネージメント発想を導入すれば、日本はもっと強くなれますよ

陸上競技のことを考えると、いろいろなアイデアが湧いてきて楽しくなってきます。前章を書き上げてからも、駅伝についてはいろいろなアイデアが出てきます。中継所で家族がタスキをつなぐところを写真や動画に収めるとか、全国の大会で可能なのではないでしょうか。あるいは、タスキにまつわる作文を募集するなど、いろいろな思いが全国にはあるように思います。

私はスポーツにおけるマネージメントの力を信じています。競技者、指導者だけではなく、ファンのみなさんが陸上を大好きになってくれれば、日本の陸上はより強くなれます。トップ選手の実力は、その国の「陸上力」の反映だと思うのです。

それは強化現場にも当てはまります。選手を強くする、育てるために必要なのはコーチ

ングやトレーニングだけではなく、組織の土台、仕組みを改革することからだってできる。日本の指導者には、その発想が欠けているような気がしてならないのです。

箱根駅伝を走ったことのない私が、青山学院をここまで強化できたのは、こうしたマネージメント発想を導入したからです。青山学院という学校が持つブランド力をベースに、他の指導者が持ちえないビジネス的なノウハウを応用したからこそ、箱根出場、シード権獲得、優勝にまでたどり着けたのです。

こうした発想が日本の陸上界に広がっていかないかな——と考えていたのですが、東京オリンピックに向けて、陸上界から生まれた改革発想が大きな成果を生みました。日本陸連のマラソン強化プロジェクト「マラソングランドチャンピオンシップ・シリーズ」、みなさんが「MGC」と呼んだ東京オリンピックへ向けた代表争いの仕組みは、素晴らしいケーススタディとなりました。

長いこと、日本のお家芸と言われてきたマラソン。戦後、1964年の東京オリンピックでは円谷幸吉さんが銅メダル、1968年のメキシコシティー・オリンピックでは君原健二さんが銀メダルを獲得しています。

それからも瀬古利彦さん、宗茂さん、猛さんの宗兄弟、中山竹通さんをはじめとして日本人なら誰もが知っているスターが誕生してきましたが、ことオリンピックでのメダルとなると、1992年のバルセロナ・オリンピックで森下広一さんが銀メダルを獲得して以来、手が届いていません。

一方、女子では有森裕子さんがバルセロナで銀、1996年のアトランタで銅。そして2000年のシドニーで高橋尚子さん、2004年のアテネで野口みずきさんが金メダルを獲得します。

こうした歴史があって、国民のみなさんの期待値は相変わらず高い。けれどこの20年間、タイムだけを見ればアフリカ勢との差は開く一方でした。

このままではいけない。地元開催のオリンピックとなれば、これまでのマネージメントとは変わらざるを得なくなります。そこで瀬古さんをプロジェクトリーダーとして、東京オリンピックに向けた男女マラソンの準備が始まりました。

2017年4月18日に、日本陸連は「マラソングランドチャンピオンシップ・シリーズ」を立ち上げることを発表したわけですが、このプロジェクトの最大の効果は、目的をはっきりさせたことでした。

これまでの選手選考では、選考レースにピークを合わせた、言葉は悪いけれども「一発屋」がオリンピックに派遣され、結果として世界と対等には勝負ができなかった。そこで日本陸連は、複数回、きちんと調子を合わせられることを証明できる「調整能力」と、世界に対抗できる「スピード」を求めました。

そこで、2017年から男子で言えば福岡国際、別府大分、東京、びわ湖毎日を選考対象レースとして（そのほか、海外のレースも含まれます）、ここで所定の順位、タイムをクリアした選手が代表決定レースである「MGCレース」に参加できる仕組みを作った。このターゲットが明示されれば、現場は強化へのロードマップが作りやすくなります。このマネージメント、仕組み作りが大成功だったのは2時間10分切りを達成した選手が次から次へと誕生したことからも明らかでしょう。次頁の表のように、青学関係者からも2時間10分切りの選手が6人も誕生しています。

マラソンの持つ力を改めて感じさせてくれたのが、ＭＧＣでした

そして忘れてならないのは、ＭＧＣレースを導入したことでマラソン人気が大いに復活

青山学院関係者で2時間10分を切った選手たち

選手	卒業年	所属	大会	開催年	タイム
小椋裕介	2016	ヤクルト	東京	2020	2:07:23
下田裕太	2018	GMO アスリーツ	東京	2020	2:07:27
一色恭志	2017	GMO アスリーツ	東京	2020	2:07:39
吉田祐也	2020	青山 学院大	別府 大分	2020	2:08:30
藤川拓也	2015	中国電力	東京	2020	2:08:45
橋本崚	2016	GMO アスリーツ	別府 大分	2019	2:09:29

2019年から2020年にかけ、青山学院大学の卒業生、現役学生が次々に2時間10分台を切る「サブテン」に突入。各学年とも卒業後に成長を見せている

したことです。

２０１９年9月15日、ＭＧＣレースが行われた東京の沿道に詰めかけた人たちは、実に52万人でした。たったひとつのレースに、これだけ応援の人たちが集まる国があるでしょうか？　日本だけでしょう。きっと、みなさんはマラソングランドチャンピオンシップ・シリーズが作り出してきた「ストーリー」に共感したからこそ、一瞬でもいいから選手たちに声を届けたいと思ったのではないでしょうか。

私はこれこそスポーツの持つ力ではないかと思うのです。統括団体がマネージメントによって競技レベルを上げるだけでなく、ファンのみなさんの期待値を高める。これこそが、陸上界が将来の日本社会で生き残る方策ではないでしょうか。

日本陸連は、東京オリンピックを前にして、マネージメントによってレベルが格段に上がることを証明したのです。

まさに、羅針盤の役割を果たした。

この発想はあらゆる競技、組織の改革に応用できるのではないかと私は感じています。注目度が低い競技団体の場合、どうしても仕掛けの力が弱い。他の団体では30代の太田雄貴会長の日本フェンシング協会の発信力が目立ちます。

それにしても、ＭＧＣの盛り上がりを見ても国際オリンピック委員会、ＩＯＣはなにも感じなかったのでしょうか？　東京という都市はマラソンでこれだけ盛り上がるのに、札幌へ会場を移転することを決定したのですから。札幌には何の罪もありませんが、マラソンコース最終決定の経緯を見ても、ＩＯＣが開催都市の気持ちに寄り添っていないことが分かるのではないでしょうか。

ＭＧＣはなにを変えたのか？

では、なぜ仕組みを変えただけでこれだけレベル、関心が高まったのでしょうか。私は指導者としての経験から２つの視点を提示してみたいと思います。

まずは、現場が強化発想の「改革」を迫られたことです。ＭＧＣの仕組みができる前、日本のマラソン界の発想はのんびりしたもの――いやいや、はっきり言えばまったく世界に対する準備ができていないに等しかった。

まず、大学生がマラソンに挑戦するという発想自体がありませんでした。関東の大学であれば、１月２日、３日の箱根駅伝が終わり、大学の後期試験を控えたなかでは満足なマラソン強化プログラムが作れないという固定観念があったからでしょう。

そうした消極的なマインドがベースにあり、実業団の方でも、世界とのスピード差を目の当たりにして、まずはトラックでのスピード強化に重点を置きました。5000mで13分30秒台、10000mで27分台を目指すというものです。そのスピードを培ってからハーフマラソンに移行し、そして28歳前後からようやくフルマラソンに〝挑戦〟するというスタンスです。

私は30歳手前から始まる挑戦では、遅すぎると思っていました。アメリカのプロスポーツなどを見ても、選手としての最盛期は25歳から30歳くらいまで、と言われています。だったら、そこにピークを合わせるべきではないのか。28歳から経験を積んだのではあまりにも遅すぎるでしょう。

それに私の生活実感からも、マラソンは早めにスタートした方がいいだろうと思っていました。話は脱線しますが、私は会社員時代、お酒の席でよく飲みました。20代、30代のころは深酒をしたとしても、翌朝になればケロッとして職場に行っていたほどです。50歳を過ぎた今、同じようなことをしたらどうなるか？　ダメです。朝5時過ぎに始まる学生たちの朝練習に顔を出すことはできなくなります。つまり、体の回復力が衰えているのです。

私が考えていたのは、マラソン練習をしても若いうちならば回復も早い。だとしたら、夏場からフルマラソンをなんとなく意識したトレーニングを入れつつ、箱根駅伝が終わって、後期試験の勉強と並行してフルマラソンの準備をする。学生のうちに1本くらい走っておいた方がいいのではないか、と思うようになったのです。その方が、実業団に進んでからもマラソンへの心理的な障壁が低いはずです。

最初に青山学院大の学生として結果を残したのは、2012年のびわ湖毎日マラソンを走った出岐雄大です。出岐はその年の箱根駅伝の2区を走って区間賞を獲得し、波に乗っていました。そして3月のびわ湖毎日に挑戦したところ、2時間10分02秒という好タイムで9位に入りました。25㎞を過ぎてペースが上がってからも出岐は先頭集団に果敢についていったので、「ひょっとしたら、ロンドン・オリンピックか……」と東京・町田の合宿所で見ていた私は、かなりドキドキしたほどでした。

ただし、このときの反省としては、ひとりの選手だけで苦しいマラソン練習に挑んでいくのは、なかなか難しいものだな——と感じました。経験の浅い学生にとっては、なおさらです。

それまで日本のマラソンは、ストイックに練習に没頭することがスタンダードとされてきました。ひとりひとりが自分と向き合い、ハードな練習をこなしていく。いまは賑やかなキャラクターで通っている瀬古さんでさえも、現役時代は「走る修行僧」と言われていたほどです。

マラソンにだって、いろいろなアプローチがあってもいいじゃないですか

私としては、「本当にそうだろうか？」という思いがありました。マラソンを走るための正解がひとつしかないということはないだろう。ならば、そこに「改革」のチャンスがあるのではないか――。そう考えたのです。

本腰を入れてチャレンジした最初の大会は、リオデジャネイロ・オリンピックの選考会も兼ねた２０１６年の東京マラソンでした。

私は前年の夏合宿の最中に、学生たちに向かってこう言いました。

「マラソン走りたい人、手を挙げて」

私としては、マラソンを走ることのハードルをグッと下げたかったわけです。そんなに

ハードルが高いものではなく、希望があればチャレンジできるものだよ、と。

うれしいことにかなりの選手が手を挙げてくれました。さすが青学、チャレンジスピリットは旺盛です。複数の選手が立候補してくれたことで、私はこれまでの日本式の強化策ではなく、独自の「チーム・マネージメント」で東京マラソンに挑んでみようと考えました。ひとりで経験したことのない練習に向き合うのはつらい。だったら、みんなで、チームとして練習すれば乗り切れるんじゃないか。そういう改革する思考で練習に少しずつ変化を加えていきました。

基本的に大学生の場合、夏合宿から秋は駅伝を意識したトレーニングを積みます。最終ゴールである箱根駅伝はハーフマラソンとほぼ同じ距離を走りますから、それを意識して練習メニューを作っていくわけです。このシーズンは、マラソンをやや意識したメニューを付け加えていくなど、徐々に準備を進めていきました。

幸い、2016年の箱根駅伝でも優勝することができて、その後、1月の中旬から「マラソン組」はまとまって合宿を行いました。その結果、終盤に東洋大学の4年生だった服部勇馬君と、青学勢の下田裕太（当時2年）と一色恭志（当時3年）が競り合う形となり、下田が日本人2位、一色が日本人3位に入って、オリンピックの代表選考に絡む結果となりました。

本音をいえば、当時のマラソン界の状況を考えると、大学生の下田を選び、活性化して欲しかった。そうすれば、大学生の意識が高まり、オリンピックはより盛り上がった可能性もあった気がします。この当時はまだ、日本陸連の方にもビジョンや改革する思考がなかったのかな、と思います。

大学生は、やはり土台を作る時期なんです。選手としても、人間としても

2016年の東京マラソンでこの結果が得られたことで、まだまだ未熟な大学生もチーム戦で練習を積み上げていけば戦えるということを証明できたと思っています。個人の色が強かったマラソンに「駅伝色」で挑んでみた。それが2015年から2016年にかけての改革する思考から生まれたアイデアだったわけです。当然、長い距離を走れば経験したこともない疲労も溜まるわけで、それを達成感、充実感に変えたかった。当時はそれが一定の成果を収めたわけです。

ただし、タイムはいまから見れば平凡で、下田、一色ともに2時間11分台で日本人の2位、

3位に入りました。それほどレベルが高いわけではなかったことは、2020年、MGCのファイナルチャレンジにもなった東京マラソンで、下田は2時間7分27秒、一色は2時間7分39秒で走ったことでも明らかでしょう。4分も違い、レベルはまさに雲泥の差です。4年間で日本の男子マラソン界が大きく進歩したのは間違いありません。

私としては、30歳手前でマラソンをようやく始めるのではなく、大学時代に地ならしをしたことが彼らのレベルアップにつながってくれたのではないか、と思っています。

つまり、「大学生でもマラソンを走れるんだ」という方向にマインドセットを変えられたのが良かったのではないか。

この流れは、2020年の別府大分毎日マラソンで、一般企業に就職が内定していた吉田祐也が初マラソンでいきなり2時間8分30秒のタイムで走り、3位に食い込んだことにつながっていきました。このタイムは青学新記録となりました。吉田祐也は、この走りをきっかけにGMOアスリーツで競技生活を続けるチャンスを得ました。苦労を重ねてきた選手の、まさに一発逆転劇。

これも青学の先輩たちが「大学生だってマラソンは走れる!」という実績を作ってくれたからにほかなりません。

大学で過ごす4年間の意味というものは、人間、そして選手として社会に出た時の土台を作ることがいちばん大きいと思います。土台は大きい方がいい。それには、どんどんチャレンジしていけば面積は広がります。

楽しみながら強くなって、何が問題なんでしょう？

振り返ってみると、私は学生諸君に感謝しなければなりません。よくぞ、私のアイデアに尻込みすることなく、果敢に挑戦してくれた、と。改革する思考は、指導者と選手の「両輪」がそろわないと実現できないものだからです。

「マラソン28歳挑戦発想」は、昭和のマラソントレーニングの負の遺産だったと私は思っています。本番に向けて、40㎞走を何本以上しなければならないとか、30㎞走で1時間30分を切らなければマラソンを走る資格はないとか、なんら科学的な根拠がないことを、みんなが盲信していたのではないかと思うのです。

そんなしんどいハードルばかり設定して、楽しいのでしょうか。まったく、楽しくない。スポーツの原点は楽しむことです。楽しみながら強くなったっていいじゃないか。私はそう思うのです。

コロナウイルス禍を経た社会では、働き方、考え方が大きく変わらざるを得ません。上の人の言うことに唯々諾々と従っているような人材は生き残れないでしょう。だからこそ、多様性を認めなければならない。もちろん、ひとりひとりの選手たちにも、自分で考えるというマインドセットを持ってもらわなければなりません。自分の考えを、自分の言葉で話せない選手は結果を残せない。その意味で、青学では表現力豊かな選手をリクルートしてきましたし、これからもその路線を変えるつもりはありません。うれしいことに、青学では1年生から取材にもきっちり対応できる選手が多いと自負しています。これは決して偶然ではありません。

これからの陸上界を変えるためには、学生の段階からどんどんアイデアをぶつけて欲しいのです。

駅伝に対するアプローチに新しいアイデアがあってもいい。マラソンに挑戦する方法が、何通りもあっていい。正解はひとつではないのですから。

また、MGCの仕組みが作られていくなかで、トレーニング方法もずいぶんと変わってきました。設楽悠太君（Ｈｏｎｄａ）みたいに毎週のようにレースに出ていくのもいい。

30㎞走中心、ハーフマラソン中心でもいい。ひとつの型だけではなく、多種多様な考え方がマラソンへと結びつくようになってきたのがＭＧＣの最大の収穫ではないでしょうか。実業団の指導者の発想も変わってきた気がします。

つまり、ＭＧＣは長距離関係者のマインドセットを大きく変えたのだと思います。マインドセットが変わったことで、みんなが本気でオリンピックを目指すようになった。そこには実業団のコーチ陣のアイデア勝負の面も出てきます。つまり、競争が激しくなった。

すると、選手もどんどんいい顔になっていきました。発言も面白くなる。つまり、選手のキャラクター付けがハッキリしてきたのです。設楽悠太選手は自由奔放、大迫 傑選手はＭＧＣで3位となって代表権確定にまでは至らなかったものの、東京マラソンでは見事な記録で代表をもぎ取った。

一方で、中村匠吾選手（富士通）は大八木監督との二人三脚が注目され、服部勇馬選手も大学時代から積み重ねてきた経験をプラスに変えることができた。

代表選考に絡んだ選手たちには物語があり、ファンのみなさんが感情移入したのではないでしょうか？　いろいろな個性、多様性がぶつかる世界は面白い。そして業界として活性化し、永続的に発展していく。日本のマラソン界はＭＧＣによって変わり、これから成長するチャンスを自らつかんだのです。

私は多様性を保証します。そういう環境で走りたい高校生がいるならば、青学としてはウェルカムです。ただし、規律は厳しく、競争は激しいですが。

今日の常識は、明日の非常識なんです

ＭＧＣをきっかけとして、いま、日本の長距離界には変化のうねりが訪れているように思います。

それぞれの陣営のマインドセットが変わり、充実した選考過程の結果、東京オリンピックのマラソン代表に決まったのは箱根駅伝の「スター」でした。

駒澤大学から富士通に進んだ中村選手、東洋大学からトヨタ自動車で競技を続ける服部勇馬選手、そして早稲田大学を卒業し、いまはプロランナーとして発信力を持つ大迫傑選手の三人です。

もちろん、青山学院大の卒業生が代表になれれば、私としては望外の喜びを味わえたで

しょうが、東京マラソンでの卒業生の走りを見て感動しました。

卒業生の成績を振り返ってみると、2月の丸亀国際ハーフマラソンで60分ちょうどの日本記録を樹立した小椋裕介（ヤクルト）が2時間7分23秒で青学勢トップ。続いて、下田（GMOアスリーツ）が2時間7分27秒、一色（GMOアスリーツ）が2時間7分39秒、藤川拓也（中国電力）が2時間8分45秒、神野大地（セルソース）が2時間12分11秒で走っています。また、MGCレースでは橋本峻（GMOアスリーツ）が5位に入り、東京オリンピックの補欠となっています。

常日頃から競っていることもあり、どうしても他の大学の卒業生も気になってしまいますが、東洋大学は代表に服部勇馬選手、そして東京マラソンでも高久龍選手（ヤクルト）が2時間6分45秒、定方俊樹選手（MHPS）が2時間7分05秒、前日本記録保持者である設楽悠太選手（Honda）が2時間7分45秒、山本憲二選手（マツダ）が2時間9分41秒とサブテンに4人の卒業生が入りました。なかなか強いですね。今後、青学OBが東洋大をはじめとして、他校の出身者といい意味で競り合いながら記録を伸ばしていって欲しいと思います。

私としては、青学の卒業生がバーンアウトすることなく、着実に前に進んでくれているのがうれしい。なぜ、彼らは前向きの競技を続けられているのか？

彼らから様々な話を聞きますが、改革する思考を持って競技に挑んでいることが大きいと感じます。私は学生たちに、

「今日の常識は、明日の非常識」

になってしまうことを伝えてきたつもりです。多くの卒業生たちが攻めの姿勢で陸上に取り組んでくれていることを本当にうれしく思います。

その一方で、「攻めすぎと違うんかな……」と思うことも、正直、あるのです。青学を卒業して一部上場企業に入りながら、会社を辞めて自分の道を進む卒業生が多いのです。親御さんの立場になってみると、複雑な思いがあるのです。

自分の教えが「劇薬」だったのではないかと、一瞬、心配になることもあるのですが、私は彼らが陸上界を、そして世の中の常識を変えてくれることを信じています。原イズムを、どんどんアレンジして新しい常識をバンバン作ってくれればいいのだと開き直っています。

たとえば、「山の神」神野大地は実業団チームから飛び出してプロ選手として活動しています。そして、これまでは珍しかった長期のケニア合宿を敢行し、日本人のなかにあっ

た「心理的ハードル」を軽々とクリアしてしまいました。神野はMGC、東京マラソンと望んだような結果を得られていないかもしれませんが、長距離界の常識を変えたことで、神野、そして彼のスタッフの功績は決して小さくないと思います。みんながそれぞれ、改革マインドを持てばいいわけですから。

それにしても、軽々とケニアに渡り、合宿生活をしているのを見て、私は素晴らしいことだと思いました。彼らは間違いなく、日本の陸上界の常識を変えていました。

もっともっと、学生が利益を享受する仕組みを作りたいんです

改革する思考で社会は変わるのです。MGCは陸上界を変えました。だったら学生界だって変われるんじゃないか？

現在、関東学連は会員からの会費の徴収による組織運営を行っていますが、法人格を獲得すれば、学生たちにとってより優しい組織になるのにな、と思います。

法人格を獲得することで、事業の幅を広げることができます。事業拡大は決してビジネスのためではありません。陸上、そして選手たちのためです。たとえば、都内に関東学連

の選手たちが自由に使える陸上競技場を作る。もしも、そうした場所があったら、コロナウイルス禍で練習場に困っている人たちが、一時期でも助かったかもしれない。そうした場所があれば、学生たちにとって聖地になり、あるいは一般開放、小中学生と一緒に練習する時間を設けてもいいかもしれない。そうすれば、より大学陸上の人気が出るのは間違いないはずです。

あるいは一歩進めて、高地トレーニング施設を作る。長野県、新潟県など、場所はどこでも構いません。各大学が高地トレーニングをしたいというときに利用できる施設があったら、どんなにいいだろうと思います。そうした理想やビジョンがあれば、登録料、加盟料も喜んで払います。

要は学生が利益を享受できる体制を作りたいのです。これは私の夢物語でしょうか? そうは思いません。実現可能なプランです。私が理想を書き記しておけば、いつか必ず実現すると信じています。

陸上界には宝が眠っています

6

事業化、育成、コーチング。未開拓の分野があるんです

陸上界のビジネスチャンスを広げるには、改革発想が必要だと思うのです

2020年のコロナウイルス禍によって世界は大きく変化せざるを得ませんが、陸上界の近未来予測をしてみましょう。

東京オリンピック・パラリンピックの開催、そして箱根駅伝がまもなく第100回を迎えます。さらには、若い世代からトラックで戦える人材も出てくるでしょう。陸上界全体が、スポーツニュースでそれなりに話題を提供していくはずです。

ただし、陸上界で生計を立てるとなると、また話は変わってきます。引退後、あるいは大学を卒業したときに陸上を仕事にできるかというと、これはなかなか厳しい。やはり、「改革発想」が必要になってきます。

いまの日本では、「ランニングビジネス」が成立しています。プロのコーチが、会員の方を募集して、練習プログラムを提供する。そしてターゲットとするマラソン大会に向け

て、会員のみなさんと一緒に頑張っていくというビジネスモデルです。

このモデルの仕組みは、とてもシンプルに説明できます。

「会員数」×「単価」

ビジネスとして成立させるとなれば、会員数を増やす、あるいは単価を上げることが必要になります。ただし、会員数を増やすとなると、指導者の数も増やさなければならず、人件費が増加します。また、会費の値上げはリスクがありますから、基本的には価格を据え置きつつ、顧客の満足度を高いレベルで保たなければいけません。おそらく、満足度の維持が大きな命題となるはずです。

このビジネスモデルはある程度確立されていますから、大きく変えることは難しいかもしれません。だとしたら、陸上界のビジネスチャンスを広げるには分野を変えていく必要があるでしょう。

たとえば、教育です。

私はいろいろな教育現場を訪ねていますが、小中高の先生方は本当にいそがしい。しかも体育の指導は様々なスキルが必要だと感じます。

私が行っている大学生の指導というものは、実は楽なのです。なぜなら、一定以上のレベルの選手が集まっていますから。メニューのバリエーションは考えますが、大きな部分では一緒なのです。

しかし、小学校の体育では泳げない子どもと、4泳法すべてが泳げる子どもを同時に指導しなければなりません。これは、大変なことです。

私などは、「スイミングクラブのコーチを呼んできて、手伝ってもらうことはできないんだろうか?」と考えてしまいます。なぜなら、泳力別の指導法が確立されているからです。こうした話を教育界や経済界の方にすると、

「公立の学校は文部科学省の管轄で、スイミングクラブは民間企業ですから経済産業省の管轄となり、お互いに踏み込めないエリアなんです」

という話を聞きました。

ところが、私立学校ならば民間企業とコラボレーションできるというのです。私からすれば「縄張り意識」、「縦割り行政」としか見えません。そうした慣例をなくせば、子どもの成長機会も増やせるでしょうし、先生方の働き方改革も進むのではないでしょうか。改革する思考を発動すれば、子どもたちの利益につながるのにもったいない。

その意味で、私は陸上関係者が「教育」の分野によりコミットしていくことが、ビジネ

スチャンスを広げることにつながると思うのです。

これまでの体育ではなく、スポーツ。

走ることはスポーツの基本です。ここで楽しく、正しいフォームで走ることができるようになれば、陸上だけではなく、いろいろな競技のレベルが上がっていくと思うのです。

そこで貢献ができる。

なにも教育界だけではないかもしれません。違った分野に目を向けていれば、必ずチャンスが見えてくるはずなのです。

プロランナーとして食べていけるモデルケースが欲しい

そしてもうひとつ、「プロランナー」も存在感を高めて欲しい。

これまでは実業団チームに所属し、仕事をしつつ、給料をもらう形が主流でした。この「企業アマ」制度を私は一概には否定しません。選手の人生をトータルで考えたときに、メリットがあるからです。実際、私は引退してから社業で活躍の場を与えていただき、そのビジネス的な視点がいまの指導に役立っています。

ただし、「サラリーマン・ランナー」になってしまう選手もいるのです。給料に見合った走り。クビにならないような結果。生活の維持に焦点が当たってしまうと、突出した選手になるのは難しくなります。

では、どうしたらもっと長距離界は活況を呈するのか？

私はプロランナーとしての手本、ロールモデルとなる選手がもっともっと、増えていくことを願っています。

いま、日本でプロランナーとして認知されているのは、大迫傑選手、川内優輝選手、そして青学OBの神野大地の3人ではないでしょうか？　ランニング人口に比べると、ずいぶん少ないような気がします。

プロランナーが夢の存在となるため、私からひとつ提案があります。

マラソン大会の賞金を公表するのです。

4章では、日本記録をマークしたら1億円が出るようになり、注目度がアップしたことを紹介しました。獲得者である設楽悠太選手、そして大迫傑選手は注目度が上がったわけです。賞金対象となるレースがオープンになれば、学生からも「4年間の学費を稼いでやる！」という猛者が登場するかもしれません。実際、成績を残せばそれは可能なのです。

そこに、チャンスはあるのです。

学生に賞金を出すのは……という意見も出てくるでしょう。だったら、卒業時までに貯金、あるいは運用する仕組みを作っておけばいい。それから企業に入るのもよし、その資金を元手にプロランナーとしての生活を始めるのもアリではないでしょうか？

どうでしょう、夢があると思いませんか？　こうしたチャンスがある業界ならば、私は他のプロスポーツと互角に戦えると思うのです。

このアイデアなど、改革する思考というよりも、既存の仕組みに疑問を呈するだけの話です。

体育会の法人格取得が必要でしょうね

夢のある業界になるためには、組織もそれに見合った体制を整えなければなりません。改革は身近なところから始めましょう。

青山学院の陸上部では長年、合宿所の建て替えを検討課題としています。日本のトップクラブである以上、やはり施設もそれに見合ったものにしていきたいというのが私の願いでもあります。雨天練習の走路や、ジム設備、より良いクロスカントリーコースの整備なども行っていきたい。

それでも、現実としては大学の部活動の一部であり、合宿所の建設となると、大学の承認を得なければなりません。そうなると、私の改革する思考が出動します。

「陸上部が自前で資金調達できたとしたら、スピード感が出るだろうし、イメージに近いものができるかもしれないのにな。クラウドファンディングや、資金調達もなにかできそうだ……」

そうするためにどんなことが必要かというと、まずは陸上競技部が「法人格」を持つことで一歩前に進めるのではないかと思います。関東学連と一緒ですね。法人格を得て、様々な経済活動が可能になれば、それを担保にローンだって組める。スポンサー収入を得れば、コーチ、トレーナーの雇用も可能になるでしょうから、選手の活動の幅が広がっていきます。

アメリカであれば、大学の体育局ともいうべき、「アスレティック・デパートメント」がこうしたことを管理、運用します。アメリカにはスポーツ・マネージメントのプロがいるわけです。そうした形を作ることができれば、大学スポーツはより発展するでしょうが、この分野でも私がパイオニアにならないといけないのかな……と感じてしまいます。そう考えると、時間がいくらあっても足りません。

青学をマネタイズするとしたら……いくらでもアイデアが出てきます

こうしたアイデアを考えるだけでも本当に楽しい。

青学の長距離ブロックが法人格を得られれば、これまで積み重ねてきた様々な活動をより広く、みなさんにお伝えすることが可能になるでしょう。

コロナウイルス禍では「ステイホーム」が実践されたため、世界中でアーティストがＹｏｕＴｕｂｅに取り組んで話題になりました。私は「青学チャンネルみたいなことができないかなあ」と考えていました。

ＮＨＫのＢＳで番組にもなりましたが、「青トレ」と呼ばれる体幹トレーニングを流してもいいでしょうし、あるいは朝食後に実施している「今日のひと言」を配信してもいいかもしれない。

青学の陸上部では、全員がそろっての朝食のあとに、「今日のひと言」というスピーチコーナーを設けています。

これは私が、選手たちが集まっている風景を見て、「せっかくみんなが集まっているし、学生になにか話してもらおうかな」と思いついたのが始まりです。

選手たちは、自分の当番が回ってきたときに、ゼミの先生の言葉だったり、映画や本で目にした言葉を他の部員の前で発表します。もちろん、紹介するだけではつまらないので、自分なりの考え、そしてそれが部の活動にどうつながるかを発表してもらいます。わずかな時間ですが、選手たちは緊張感をもって準備しているのが分かりますし、発表内容によって選手の発想にも触れられます。私にとってみれば、「今日のひと言」は青学の伝統であり、強さを支える源になっていると感じます。

こうしたメソッドで改革する思考を養っていくと、陸上界に対してもあらゆるアイデアが湧いてきます。

発表の場が部員の前だけでなく、YouTubeを通して全世界に向けて配信されるとなれば、選手たちはよりクオリティを意識するようになるかもしれません。

このように、青学には毎日更新できるコンテンツがあるので、チャンネル登録者数、再生回数が増えていけばマネタイズすることも可能になるでしょう。

発想を広げてみましょう。選手の体や健康を考えた場合、青学が監修した食品、飲料なども開発できるはずです。

こうした活動が可能になるかどうかは、統括団体が大学の部活動をどう捉えるか、その方針に拠ります。前例主義に立つならば、こうした前例はないので却下されると思います。ただし、大学の部活動の可能性を広げると見なされれば、許可されるかもしれません。いずれにせよ、「志」が問題になってきます。

活動が認められるためには、なによりも教育機関としてのクオリティを高めなければなりません。部活動と学習のバランス、そして企業のみなさんにも応援していただけるようなブランディングも必要になります。

私は、学生たちに青山学院大学を代表していること、あるいは支援していただいている企業のことを意識するように話しています。「大学の看板を背負って」というのは昭和の文法ですが、いまや大学だけでなく、関係各所に対する責任を背負い、そのブランディングにおいて学生たちは重要な役割を担っていることを自覚する必要があります。

そのためには自分の考えをしっかりと話せる論理性、話し方も大切です。つまり、そうした練習だって必要になります。大学の持つ爽やかさ、スポーツが持つ力強さを表現するためには身だしなみ、そしてなによりも結果を残さなければならない。そうした意識づけをすることによって、選手は人間として成長します。マネタイズはそのひとつのきっかけです。

企画の仕掛けだって、しなければもったいないでしょう

ただし、企画を待っているだけの殿様商売ではダメで、青学側から企画を仕掛けられるようなプランナーも必要になるでしょう。つまり、マネージメント・スタッフです。

私は、学生たちは陸上関係者だけではなく、様々な分野で活躍している社会人と接すれば接するほど、人間として成長するチャンスがあると思っています。箱根駅伝の選考に絡むような選手になれば、一年を通じて各テレビ局のディレクターやアナウンサー、そして新聞、雑誌の記者の方からの取材を受けることになります。自分が思っていることを言葉にして発することに責任も生じますし、なにより大人と話す機会は選手たちにとって貴重でしょう。

ビジネスと聞いただけで遠ざけてしまうのはもったいない。選手たちは経済活動に参加

することで社会的な経験を積んでいるのです。大学自体が産学協同を標榜する時代なのですから、私は実践的な教育の場として、大学の部活動がこうした面を兼ね備えるのは有益だと考えます。

そうなれば、統括する人間には大きな責任がかかってきます。イメージとしては、私が強化、ビジネス面を俯瞰するスタイルになるのでしょう。大学の部活動は、昭和の遺産をまだ引きずっている部分もあり、進歩が止まっている部分もありますから、見方を変えればチャンスは無限大に広がるのです。

学校でいちばん速い子を陸上へと導こうじゃありませんか

青学だけでなく、いろいろな大学がこうした活動に積極的になれば、陸上だけでなく、あらゆる大学スポーツの人気が高まるはずです。そうすれば支援する輪も広がり、選手の学ぶ環境も改善されるはずです。

こうした活動の究極の目的はどこにあるのか。

私は、小学校の運動会で徒競走のいちばん速い選手に陸上を選んで欲しいのです。現状では、野球、サッカー、あるいはラグビーやバスケットボールを選んでしまうわけです。その流れを変えるのが私の夢です。事実、短距離のサニブラウン選手が全中の100m、200mで敗れた相手は、高校、大学で野球を続けているというじゃないですか。もったいない。陸上に来て欲しかった。

そして陸上長距離の指導者として書かせてもらうならば、100mの速い選手が、800mから1500mの中距離、あるいは5000mを狙うようになれば、私はトラックでも日本勢が世界と戦えるんじゃないかというイメージがあります。

実際、瀬古利彦さんを育てた中村清監督は、短距離の選手たちを長距離へとどんどんスカウトしていたそうですから、発想は外れてはいないと思うのです。瀬古さんはインターハイで高校2年、高校3年で800m、1500mを連覇し、高3のときには5000mの三冠にもチャレンジ。12月に都大路で行われる全国高校駅伝では、2年生のときに「花の1区」で区間賞を獲得しています。800mから10㎞までをこなすスーパースター。瀬古さんは中学時代まで野球をやっていたそうですから、ひょっとしたらスターを採り逃していた可能性もある。瀬古さんのような人材を陸上界に呼び込むには、魅力ある業界になることが大切でしょう。

ジュニア期の育成もこれからの課題です

では、具体的にはどうしたら世界に通じる人材を育てることができるのか。

私はジュニア期の育成にポイントがあると思っています。中学生までの間に、ガチガチに育てず、のびのびと育てたい。それが私のプランです。

足の速い子たちには、「陸上競技」を教える必要はありません。私が教えたいのは「心根」のようなものです。どんな選手に対しても、可能性を狭めることはせず、あらゆる種目に挑戦してもらう。短距離が得意な生徒だって、「高校に行ったら、長距離で可能性が広がるかもしれないよ」というマインドを育てていく。その逆もまた真なり。専門的な練習よりも、動きのなかで能力を伸ばしていく方法が好ましいと思っています。サッカーやソフトボール、陸上でも走り幅跳びや走り高跳びなど、跳躍系の種目を取り入れていくことで、様々な能力が伸びていくはずです。

私はジュニア期のコーチは、「クリエイティビティ」が求められると思っています。

専門的なトレーニングの知識よりも、遊び感覚を重視しながら、生徒たちの能力を引き出すようなトレーニングを考える。トラック競技で必要とされる陸上の前方への動きだけでなく、横、あるいは後ろの動きも取り入れていく。そうした広い視野を持った指導が必要になってくるでしょう。その意味で、野球やバスケットボールなどで見られるような目と末梢神経を刺激する「コーディネーション・トレーニング」などもどんどん取り入れていけば、選手たちの可能性は大きく広がるはずです。

私が思うに、日本の陸上界はスペシャリスト養成の意識が強すぎるのです。いまや、中学の3000mでも8分台で走る選手が珍しくなくなりましたが、中学時代からインターバルトレーニングや距離走を課せば、それなりにタイムは伸びます。でも、果たしてそれでいいのでしょうか。人間としての生きていく力、そして陸上を楽しむという「心根」が育つのか不安で仕方がないのです。

本当に陸上を好きでいてくれるのか？　タイムに縛られていないか？　進路も、先生や親の言いなりになっていないか？

バスケットボールのジュニアの指導者の方に聞いたのですが、スペインではジュニアの試合では得点板がないそうです。これには驚きましたが、私は納得しました。

ジュニア期においては、勝ち負けはさほど大きなファクターではありません。それよりも、個人のスキルを磨く方が大切だからです。実は、勝ち負けに拘泥しているのは大人たちです。大人が勝敗を度外視すれば、子どもたちが生き生きと成長する機会が増えるとは思いませんか？

陸上では、タイムにこだわる大人が多いのが現実です。だからこそ私としては、自己表現の場として陸上競技を捉えて欲しい。だからこそ、みんなが楽しくトレーニングすることが必要であって、そのようなガイドラインがあればな、とも思います。

その延長線上で、ゲーム的な勝ち負けの面白さを味わって欲しいのです。同等のレベルの選手たちと走って、勝った負けたを体験する。「勝負感覚」を実感すればスポーツ、そして陸上の面白さに気づくはずなのです。

これは些細なことかもしれませんが、私が学生の時はゲーム性の面白さに気づき、数字の「1」であったり、「ラッキー7」など、縁起のいい数字を意識するようになりました。スーパー銭湯に行っても、下駄箱の数字は1。そんなの勝敗に関係ないと思われるかもしれませんが、選手の内面に宿る勝ちたいという気持ちはこうした形で表現されることもあるのです。日ごろから「1」を意識している選手は、私は強いと思います。それは自ら、勝つことの面白さを知っている選手だからです。

これからの指導は集団化ではなく、「セミ・プライベート」の時代

自分から楽しみ、勝ちに行く選手を育てる。そのためには、指導者が走るだけではなく、幅広いトレーニングを考案していくことが大切なのです。これは、とても楽しい作業だと思うのです。他の競技のトレーニングを見て、自分の競技のヒントになりそうなものを見つけ、それを陸上に向けてアレンジする。私なんか、そんな作業が楽しくて仕方がない。指導者が楽しんでいれば、それは学生に伝わると思うのです。ジュニア期に大切なのは、陸上競技の「楽しみ」を見つけてもらうこと。これに尽きるのではないでしょうか。

タイムに縛られていては、精神的にも疲れるし、面白みに欠けます。

ここ数年、私が青学の指導で感じていることは、トレーニングの「集団化」の功罪です。私も集団のトレーニングの効果は知っています。青学を引き受けた当初は集団化によってベースをアップしていきました。合宿所で共に生活し、同じメニューをこなすことで、集団として成果を確認していく方法です。

こうしたアプローチは、日本の高度成長期の産業モデルに近いかもしれません。みんなで、目標に向かおう。そして、みんなで、頑張ろう。

いまでは私が好まない、一律、画一的な指導法ですが、実際に、青学はそれでチーム力を向上させ、2009年に33年ぶりとなる箱根駅伝に復帰したのです。だから私もその効果を知っています。

しかし、高いレベルの選手が入学するようになってきて、選手の個性も多種多様化してきました。そのときに、同じアプローチを採っていては、選手の成長を阻害することに気づきました。集団としての達成目標は維持しつつ、個々の選手に合わせた練習メニューというものが必要になってきたのです。

たとえば、2020年の箱根駅伝の6区の山下りを担当した谷野航平はトラックでは1500mを中心に強化を進めてきた選手でした。スピード重視のメニューを組みながらも、トラックシーズンが終わった秋からは長い距離にも対応できる方向にシフトチェンジしていく。

こうした「セミ・プライベート」が今後の主流になるのではないでしょうか。

ただ、これを大学レベルの話と思って欲しくはないのです。ジュニア期こそ、こうした発想を取り入れて欲しい。

たとえば、中学の部活動で隊列を二列にしてジョギングをするのは好ましくないと思います。ジュニア期は、集団化の弊害が出やすいのです。中学では入部にセレクションがなく、全国大会に出場する選手と、他の選手とでは大きなレベルの差があります。同じ練習をするとなると、双方にとっていいことがありません。高いレベルを求める選手は成長の機会を失い、力がない選手は挫折感を味わってしまう。ひょっとしたら、部活動がきっかけで陸上が嫌いになってしまうかもしれない。

そこで必要になってくるのが、指導者の「演出力」です。トレーニングにはゲーム性を取り入れて、個人の目標に合わせたメニューを用意することは可能なのです。指導者の労力はかかります。しかし、そこに喜びがあると私は思うのです。

体育、部活動というのは、学校生活のなかで成功を「共有」できる稀有な機会です。学習を一緒に頑張っても、みんなが同じ目標に到達することはできない。しかし、部活動ならば集団化せずとも、それぞれの目標を祝福し合うことが可能なのです。

指導者はエンターテイナーでいい

トレーニングの工夫ということを考えたときに、指導者というものは「エンターテイナーでいいじゃないか」と思うようになりました。

学生たちを楽しませる意識を持つことが、私は学校、そしてスポーツの改革を一気に推し進めることにつながると思うのです。そのためには発想を自由に、しなやかに持つようにする。

たとえば、部活動のなかで「音楽」を流したっていい。そう感じたのは、毎年2月に青学が行っている宮崎合宿のときでした。ちょうど、巨人軍がキャンプを張っているのと同じ時期です。ご縁があり巨人の練習を見学させてもらいましたが、練習中はずっと球場に音楽が流れていました。

これには、驚きました。

おそらく、昔はノリのいい曲を流しながら練習はやっていなかったはずです。集中力が削がれるとか、そうした発想が球界では強かったと想像するからです。ところが、いまは違う。音楽が流れる空間でプレーしていると、動きも自然と違ってくると思いました。音楽のテンポに乗ることで、守備でも最初の一歩が違ってきたり、様々な効果がある。ガチガチに緊張しているよりも、リラックスしている方が体はよく動きますから。

「ああ、これは使えるな」とすぐにピンときました。

トラックで単調な練習のときは、音楽をかけてもいいんじゃないか。実際に、海外の大会の映像を見ると、歌詞は入っていませんが、競技中もリズムが鳴り響いています。おそらく、選手の走るテンポが良くなるはずなのです。練習中も、きつくなってきたとしても、音楽が耳に入ってくることで気分が変わり、もう少し頑張れるかもしれない。ひと昔前なら、「練習中に音楽を聴くとは、なんたることか！」と怒鳴られそうですが、私は効果があると確信しました。

蛇足ですが……。巨人軍のキャンプに感銘を受けたのはたしかですが、私は広島で長く過ごしてきたので、広島東洋カープが気になる球団であることは、しっかりと書いておきたいと思います。

人間、ずっと勉強していかなければならないのですよ。
そうしないと、成長が止まってしまう

この章では、思いつくままにアイデアを書いてきました。ビジネス的な成長の可能性、それが将来の反映につながること。

また、能力の高い選手たちにはおおらかに接し、成長の芽を潰さない。そのためには指導者として勉強を欠かさず、コーチングにクリエイティビティを発揮する。

創造性を養うためには、自分で話を聞き、どんなところにでも足を運ぶべきでしょう。幸いなことに、私はスポーツ界に限らず、ビジネス界のトップ、メディアの方々と意見を交換する機会を頂戴しています。会社を経営する方々は、日々ストレスを感じつつも、様々なアイデアを出して経営を楽しんでいるように思えます。体験談、アイデアの作り方を聞くと、私はすべてを陸上に結びつけて考えてしまうのです。

このアイデアは、チーム作りに応用できるんじゃないか。あるいは、選手に対するアプローチを変えても面白いな、と頭の中でアイデアを転がしています。

それもこれも、陸上界には途方もない宝が眠っていると思うからです。

陸上の長距離界は、ＭＧＣをきっかけにして目覚めたばかりです。コンテンツとして十分なポテンシャルを見せたと思いますが、未整備の部分もあります。たとえば、大迫傑選手が指摘した通り、ＭＧＣは選手からすれば賞金という面では物足りないものがあったでしょう。これも検討課題です。

しかし、まだ整備されていない業界には大きなチャンスが眠っています。私だけでは限界がありますが、私は楽しみながらやりたいことを実行していきたいと思っています。ひとりでも仲間が増えればいいと思いながら。

眠っている宝を覚醒させるのは、我々、指導者の仕事です。

7

柔軟性を養うためには

柔軟性を養うためには知的訓練が必要です

この新型コロナウイルス禍は、改革する思考を磨くチャンスです

社会をよりよくするためには、既存の仕組み、枠組みを変えていくことが必要です。そのためのアイデアを出していけば、社会が変わるチャンスが生まれます。

アイデアが浮かんでくるのは、昔からの私の習性です。会社員時代から、私はテレビのニュースを見ていても、すぐになにかツッコミを入れたくなってしまうのです。企業での不祥事のニュースがあったりすると、「こうしておけば、こんなことにはならなかったんじゃないか？」と思ってしまうし、すぐに改革のアイデアが閃いてしまう。そうしていると、まったく退屈しません。

改革する思考を日ごろからトレーニングしているようなものです。

学生たちにも、朝食のミーティングの場などで、

「常に疑問を持って欲しいと思います。そして、改革できるチャンスがあると思えば、ど

んどん意見を言ってください。学年なんか関係ないですから」

２０２０年の新型コロナウイルスの感染拡大は、そうした改革思考力を鍛える、またとないチャンスです。

このパンデミックは、世界を大きく変えています。どういう形で収束するのか、社会が落ち着きを見せるのか、世界中の誰ひとりとして答えを持ち合わせていません。騒動のなかで、医療関係者は経験、そしてエビデンスを駆使しながらも、正解にたどり着けるかどうか分からないままに葛藤を続けていることを知りました。

２０２０年のこの時点で、私にハッキリ言えるのは、これまでの文法で物事に対峙することは無意味になるということです。

これからの時代、改革する思考を持つために必要なのは、「柔軟性」です。

ただし、体の柔軟性ひとつとってみても、すぐに体の可動域が広がるわけではない。毎日毎日、欠かさずストレッチなり、エクササイズなりをすることによってしか、柔軟性は獲得できません。発想の柔軟性にも同じことがいえます。

私は学生たちに「発想の柔軟性を養うためには何が必要か？」と、よく問いかけます。

その第一歩として必要なのは、すべての事象を「自分ごと」として捉えること。当事者意識と言い換えてもいいかもしれません。たとえば、2020年4月にはインターハイの中止が発表されました。青学の選手たちの多くも、インターハイで競い合い、喜びや悔しさを味わってから大学に入学してきました。

高校生にとって大きな目標であるインターハイがなくなってしまった。それをどう捉えるかは、その選手の感性次第です。

ああ、自分たちのときはインターハイがあってよかった。

こういう発想は、他人事でしかありません。まったくもって、ダメ。一見、自分のことに考えをめぐらせているように見えて、自分ごとではなく、他人事になっている。必要なのは、「自分がいま高校3年生の立場だったら、どう感じるだろうか?」という想像力であり、共感力です。

英語で共感力は、〝empathy〟（エンパシー）という単語で表現され、現代社会において、必要な感情とされています。

では、共感力を磨くためにはどうしたらいいか。テレビのニュース、新聞、インターネット、あるいはテレビドラマを見た時に、常に自分ごととして捉え、「自分だったら、どう対応するだろう?」

ということを常に考えなさい、と学生たちには伝えているつもりです。いまの学生はネットニュースで情報を得ることがほとんどです。単に受け取るばかりでは、新型コロナウイルス騒動のときのようにメンタルがやられてしまう場合もあります。つまり、受け手にばかりなってしまってはダメなんです。

それよりも、ニュースにおける物事の本質、問題点とはなにか？　そうしたことを自分なりに探り当てることが肝要です。そのうえで、自分ごととして捉えたときに、解決策を3つ提示するという訓練をしていけば、改革する思考が身についていくはずなんです。

インターハイが中止になった。じゃあ、高校生に新たなモチベーションを保ってもらうためには、どんな方法があるだろうか？　きっと、そうしたテーマなら、青学の学生ならばたくさんアイデアが湧いてくると思います。

こうした訓練を積んでいくときに、私が学生に言っているのは、

「自分が最高責任者になったつもりで考えること」

ということです。

自分が改革できる立場にあって、組織を変えるチャンスがある。そういうポジションで問題点を探り、解決する手段を発見していく。それが改革マインドであり、改革する思考

を育てる近道だと思います。

青学の卒業生を見てください。みんな、自分で考える習性があるので、自らの力で社会に飛び出していっています。元指導者としては、ヒヤヒヤものですがね。

たとえば、神野大地はコロナウイルス禍で「アスリートは何をすべきか?」と問われている状況で、中学3年生、高校3年生、大学4年生を対象にオンライン上でカウンセリングをやっていました。競技会がなく、将来の道筋に不安を持っている学生に対して相談に乗っていたわけです。

神野は自分にできることを実行に移したわけですが、こうした柔軟な発想、そして行動力が将来的にも生かされるに違いありません。

新型コロナウイルス禍で、柔軟な対応が可能だったのではないか?

新型コロナウイルスの感染拡大によって引き起こされたスポーツ界の数々の問題は、私自身が試されることにもなりました。

陸上でいえば、6月下旬に開催予定だった日本選手権は延期、そしてインターハイや「全中」と呼ばれ親しまれている全国中学校体育大会が中止になりました。

私自身の考えを述べるならば、47都道府県からの移動を伴う全国大会の開催は、たしかに難しいとは思いました。しかも、大会期間中に感染者が確認された場合のリスクも考慮しなければならない。関係者にとっては苦渋の決断だったことは理解できます。

ただし、その一方で中学生、高校生のことも考えなければならない。10代のみなさんが求めていたのは、練習を積み重ねてきたことを発表する場です。全国大会は無理でも、移動が少ない各地方の大会は開催できないものか？　たとえば、岩手県は6月30日の段階まで感染者がひとりもいませんでした。そうした地域では、果たして活動を自粛する必要があったのでしょうか？

私が思っていたのは、その土地、地域の状況を踏まえながら判断し、オリジナリティあふれる施策を打つべきだったということです。

なぜ、すべて同じ方向を向いて判断する必要があるのでしょうか。一律、一斉。柔軟性の欠片もありません。そうだとしたら、子どもに対して責任を持つ大人が、考えることを放棄していることにつながりませんか？

今後、同じような感染症が起きないとも限りません。そのときのために、私のアイデアをここにまとめておきます。

- 感染の状況を鑑み、都道府県ごとの判断を重視する
- 最大限に配慮しなければならないのは、学生の利益である
- 実施の判断にあたっては、屋外、屋内の競技団体は分けて考えるべきである
- 移動、宿泊のリスクの算定をする
- 観客が集まることのリスクを計算する。選手だけが参集するのか、それとも家族までを認めるのか。認める場合、家族は何人まで可能なのか。観客席のキャパシティに見合った合理的な判断が求められる。恒例の場所取りなどの密集、リスクの拡大を防ぐためのアイデアを用意する

ちょっと考えただけでも、これだけ解決すべきことがあるのです。

前提として、法律、ルールを守るのは当たり前のことです。ただし、日本全体としてルールを遵守することを優先して、「それはできません」と言い訳を考えることが蔓延しているように思えてならないのです。それによって、犠牲となったものが多すぎるのではない

でしょうか?

いま、必要なのは、これまで日本人が得意としてきたルールを守るマインドではありません。

ルールを作るマインドです。

今回のコロナウイルス禍で分かったのは、行政に限らず上部組織から言われたことをひたすら守っているだけでは社会は動かないということです。なにも考えずに自粛をし続けるならば、それは大人の無責任につながると思うのです。これまで日本人は、国、組織、学校によって決められたルールを守ることによって社会秩序、そして経済効率や生産性を保ってきました。しかし、「ポスト・コロナ」の時代には、これまで作ったルールに従っていたら対応できるわけがありません。

だからこそ、それぞれの現場で自分たちのオリジナルのルールを作る時代が到来したのです。

そうしたルールを作るマインドを作る。それが「改革する思考」そのものです。

理屈は理屈でも、やろうとする理屈が必要です

上から言われたことをそのまま受け取れない。なにか、他のやり方があるんじゃないか？そう考えてしまうのは私の性分なのかもしれません。

夏の全中、そしてインターハイも中止になってしまった時、学生、そして先生方にはかける言葉も見つかりませんでした。私がなにか声をかけたとしても、それは所詮「他人事」であって、渦中にいる関係者の痛み、苦しみを共有することはできません。

それならば、なにか試合ができる環境、大会が運営できる方法を考えるのが大人の仕事ではないかと思うのです。

中止になる理由を探すのではなく、方法、ルールを変えてでも「できる」理由を探す。

私は野球については門外漢ですが、春の選抜高校野球が中止になったときに、いろいろな疑問が湧いてきました。

本当にできないのだろうか？

少し先に始まっていた大阪での大相撲春場所は、その時点では感染者を出さずに千秋楽まで取組が行われました。関係者があらゆる予防策を講じたからです。

では、高校野球で何かできなかったのか。接触時間が長くなるのが問題なら、イニングを短くすることで試合を成立させられないだろうか？

9回までプレーするとなるとリスクが高くなるというのなら、5回、あるいは6回で完結させてでも、試合をやった方が高校生はうれしいのではないだろうか？　私はそう考えたりしたのです。これは野球好きの方からは不評でしたが、ルールを変更してでも大会を開くことの意義の方が大きいのではないかと思ったのです。

選抜高校野球は、全国一斉休校要請が出ていたこともあって開催に踏み切れなかったのでしょうが、学校にしても、感染者が出ていない県では休校にする必要性はどこにもなかったのではないでしょうか？　東京などの大都市圏でも、満員電車を避け、登校時間をずらすことで解決できることもあったはずです。なぜ、全国で横並びにする必要があったのか？

幸いなことに、8月に球児たちの憧れの舞台である甲子園球場でセンバツに選ばれていた32校が参加しての代替大会の開催が決まりました。

私が求めていたのは、こうした柔軟な対応なのです。「ゼロリスク」を目指そうとすると、何も動けなくなってしまう。状況は厳しいけれど、できることをやる。それが学生を育てることにつながると思うのです。

陸上界も考えなければいけないことがたくさんあります。日本陸連の指導もあり、6月までの大会はすべて中止・延期となり、7月以降もポツポツと大会があるだけです。2020年後半に開催予定だった全国各地のマラソン大会も、早々に中止を決定するところが目立ちます。

本当に必要なこと。それを見極めるために重要なのが発想の柔軟性です。いまの日本にいちばん欠けているマインド。疑問を持ち、自分たちでルールを作るマインドを持たなければ、みんながどんどん元気をなくしていくばかりです。

問題発生は組織を成長させるチャンスなんです

改革する思考を持つためには、発想の柔軟性を持ち、自分でルールを作る気概が必要です。ただし、それを実行するためには当然リスクも伴います。

改革を達成するためには、課題、問題に直面せざるを得ません。これは避けることができません。

私が青学の長距離ブロックの改革に取り組み始めた時は、失敗もしました。選手たちをあるべき方向に向かせることができず、中には門限を破ったり、寮則で禁じられている飲酒をする学生もいたほどです。それに対して私は学生に対して疑いの目を向けながら学生を管理しようとしました。

明らかに、当時の私はこうした問題に対するアプローチを間違えていました。手痛い失敗をしながら、私が気づいたのは、

「成功するためには、組織にふさわしい人材を集めることが大切なんだな」

ということでした。青山学院大というスクールカラーにふさわしいスマートで、明るく前向きな態度の学生に来て欲しい。高校時代の5000mのタイムがそれほどではなくとも、ポジティブなオーラをまとう選手であれば、大学に来てから強くなるはずだ、と。

浮かび上がった問題から発想を転換したことで、青山学院は成長曲線を描き出しました。振り返ってみると、強化初期の問題の責任は私にありました。改革をしようとしたときに向き合わなければならないのは、「問題責任」です。この責任の所在を自分が引き受けられるかどうか。そこでリーダーの質が問われます。問題が生まれること、それは指導者として成長するチャンスなのです。

逆に、問題が起こらない組織というものがあります。傍目には順風満帆に映っている。

しかし、問題が起きていないというのは、「組織が衰退しているのと同じ」だということに私は気づきました。

2019年の箱根駅伝では、5連覇がかかっていました。しかも、出雲、全日本の両駅伝でも優勝し、「三冠+5連覇」の偉業がかかっていました。チームの中心選手には4年生が多く、森田歩希、橋詰大慧（現・SGホールディングス）、梶谷瑠哉（現・SUBARU）、小野田勇次、林奎介と経験豊富な選手たちがそろい、どう考えても青学が大本命でした。

私はこのシーズンの箱根に関しては、4連覇の強化過程を振り返り、練習計画と達成度を数値化して「エビデンス」を重視しながら強化を進めました。夏合宿、秋の練習、競技会すべてが完璧。どこにも問題はない、優勝に向けて死角はないと自負していました。

ところが――。そこに落とし穴があったのです。

私は「どう転んでも負けない」という自信があり、往路、復路ともにバランスのいい布陣を組みました。総合力で青学を上回る大学はなかったのです（いまも、そう思います）。

実際、3区で故障明けの森田が区間新記録のタイムで先頭に立った時には、「これでもらった」と余裕すら感じていました。ところが、4区の岩見秀哉がブレーキとなり、東洋大、東海大にかわされ、首位を譲ってしまいました。5区でもさらに引き離され、復路では選手たちが素晴らしい走りを見せたものの、2位まで追い上げるのが精いっぱいで、東海大に優勝をさらわれました。

問題はなにもない。私がそう感じていたことが敗因でした。

東洋大、東海大はなんとしても「打倒・青学」を果たすために4区にエース級の選手を投入してきました。勝負にかける執念。悔しいことに、東洋大の酒井俊幸監督、東海大の両角速監督に執念で負けていたのです。

この敗戦から、私は「問題が起きない組織は衰退している」という見方をするようになりました。

問題が起きることは、なにも否定すべきことではありません。むしろ、改革するチャンスであり、新たに発生した問題に立ち向かう努力をすればいいだけの話なのです。

2019年の箱根駅伝では、私は水面下に潜む問題に気づけなかった。それが最大の問題でした。

私が気になるのは日本の組織が、問題が起きていることを認識しているのに、それに蓋をしようとしているのではないか？　ということです。問題が発生していることを気づかれないように取り繕い、その間に問題はさらに悪化していく。

問題はウェルカム。そのマインドを持つことが前向きな改革につながると思うのです。

日本は「イエスマン製造社会」になっています

私が思うに、学生たちは大人を冷静に観察していると思います。問題に蓋をしようとしている人か、そうではないかを。

私は春の選抜高校野球や、インターハイが中止になったときに、学生のことを思って発言した指導者がどれくらい存在したか、気をつけて見ていました。

なんとか大会をやれないだろうか？　と発言する人はほとんどいませんでした。学生を気づかう言葉は見ましたが、それが目いっぱい。高校3年生は一度しかないのに、なんとかしようという気持ちを感じられる指導者の方は少なかったのです。

こうやればできるんじゃないか。

現場の声をもっと聞いてくれないか。

そういう声が表立って出てこなかったのは、上の組織に配慮したからではないのか？

と思わざるを得ないのです。

東京オリンピックのマラソンコースの札幌への移転劇を見ても同じことを感じました。IOCが主導してマラソン、競歩のコースを強引に移転させましたが、東京は開催都市でありながら、なにも抵抗できなかった。

私はとても失望しました。IOCがすべてを牛耳っている。どんなに異議を唱えても決定は変わらない。たしかに、ルールではそうでしょう。それでも、ルールというのは人間が作ったものであって、どう運用するかもまた人間に任されている。

私は「それはルールだから仕方がない」と言って諦めることが嫌いです。じゃあ、ダメなルールを押し付けられたらどうするんですか？　と質問したい。そんなことでは社会も、組織もなにも変化しない。

大人が無抵抗でルールを押し付けられる姿を見て、日本の若者たちはどう思ったでしょうか？　落胆したでしょう。失望したでしょう。最終的に札幌になるのは仕方がなかったかもしれない。けれど、私だったらこう主張します。

「日本人はこれだけマラソンを愛しています。MGCで沿道に集まった観衆は52万人を超えていました。エリートのマラソンを見るために、これだけの人が集まる、世界にこんな都市がどこにありますか？　それほど日本人にとってマラソンは大切なものであり、東京オリンピックの最終日にふさわしい種目です。そのことを考慮して決定されたんですか？」開催都市としての主権とはなにか。上からの押し付けを強要されるのだったら、開催都市の返上だって交渉の札に持っておくべきだったのではないか。

ＩＯＣもしたたかでしょうから、メリット、デメリットを天秤にかけながら施策決定をしているはずです。ＩＯＣだって、まさか主張が１００パーセント通るとは思っていないはずなのです。ところが、従順な日本は「お上」の言い分を素直に聞いてしまうから、「１００対０」ということが起こりえる。そんなことが続けばナメられます。私が思うに、ひっくり返すことは不可能かもしれないけれど、主張することで交渉を有利に運ぶことは可能だと思うのです。それが交渉の本質じゃありませんか？　戦わず、黙っていては、押し込まれるだけです。

それと日本のマスコミは、「オリンピックの放映権を持つアメリカの放送局ＮＢＣの意向が強く、夏の開催でなければならない」と無批判に報道していました。

私は、ちょっと待てよ、といつも思っていました。オリンピックは決して放送局のものではないでしょう。９月以降はアメリカンフットボールが開幕し、オリンピックと重なるのを避けたいという話でしたが、毎日、毎日アメフトをやっているわけではない。木曜にプロが1試合、土曜は大学、日曜にプロがたくさん試合をやって、月曜の夜にまた1試合。だとしたら、この編成に対応した競技日程を提案したって誰も損をするわけではない。変えるのは難しいかもしれない。しかし、アイデアを出すことでよりよい大会になる可能性は誰も否定できないはずです。

私が思うのは、大人がそうした「戦う姿勢」を見せさえすれば、子どもたち、学生にもそういうマインドを植えつけていくことができるはずだということです。このままではイエスマンを製造するばかりで、唯々諾々と何事も受け入れる社会環境になってしまいます。いまの日本、同調圧力も強く、「イエスマン製造社会」になっていませんか?

「妥協」って言葉は好きじゃないです

日本人は交渉事がどうも苦手なような気がします。自分の主張を押し出して、それで嫌われてしまうのが怖い……。学校でそういうふるまいを無意識に覚えてしまう人が多いのではないでしょうか。

嫌な思いをするならば、主張を引っ込めて「妥協」する方がいい。

みなさんは想像がつくでしょうが、私は妥協という言葉が嫌いです。もちろん、自分が主張したうえで落としどころを見つけるのはOKです。しかし、なにもせず、折れるのは間違っていると思います。

日本語の妥協という言葉は、どうにもネガティブなイメージがつきまといます。妥協に相当する英語といえば、辞書で引くと〝compromise〟（コンプロマイズ）という言葉が出てきます。ところが、英語に堪能な人に聞くと、妥協とはニュアンスがまったく違いました。コンプロマイズの場合は、お互いが主義主張をぶつけ合い、そのうえでアイデアのいいところを見つけ、着地点を探す——。そうした意味合いだそうです。

「妥協点を探す」という言葉には、どこか撤退戦のようなイメージがありますが、コンプロマイズしようとなれば、前向きに両者が着地できる。勝ち、負けではなく、お互いが協調、調和しながら前に進んでいく。

これからの改革する思考には、こうした交渉術も必要になってくると思います。これはボーッとしていたら身につくものではありません。学生のときから訓練して体得する「スキル」ではないかと思うのです。

どうやら、西洋ではこうした発想やスキルをチェスなどでも学べるようです。日本の将棋の場合、引き分けはほとんど発生しません。ところが、チェスには選手同士から「引き分けの提案」があると聞いて驚きました。将棋の七冠を達成した羽生善治さんは、チェスでも世界レベルの腕前と聞きましたが、著書のなかで、こんな解説をしています。

チェスならではの面白いルールに「引き分け提案」というものがあります。これは、勝負がつかずに引き分けになりそうだなと思ったときに、相手に引き分けにしようと提案して、相手が同意すれば引き分けになるというルールです。チェスは将棋と違ってよく引き分けが発生するんです。

ところが、これを駆け引きに利用して、形勢が悪いと思っているほうが、わざと引き分けを提案することがあるんです。相手は当然断るわけですが、断ったからには勝たなくては、というプレッシャーがかかることになる。その結果、ミスが出やすくなることを狙う作戦です。これなども将棋では考えにくいシビアな戦い方ですね。

（『教養としての将棋』梅原猛・羽生善治・尾本恵市）

この部分を読むと、私はチェスに向いているかもしれないと思いました。どうやら、昔はプロのチェスプレイヤーが王侯貴族を相手にしていたとき、相手のメンツを潰さないために引き分けが導入されたりしたようですが、勝負の世界に交渉事が持ち込まれているのは、ヨーロッパの深みを感じる部分でもあります。こうした訓練を日本人も積んでいかないと、太刀打ちするのは難しいと思います。

前例主義の打破には打たれ強さが必要です

交渉事が苦手な日本人は、前例を踏襲することが好きです。よく言えば、過去のケーススタディに学んでいれば間違いは少ない。失敗したときも、言い訳ができる。大方、そんな発想でしょう。

日本のスポーツ界も例外ではありません。前例主義がはびこっていて、新しい具体策を出すと叩かれます。これは私が身に染みて感じていることです。

箱根駅伝の全国の大学への門戸開放や、スタート、ゴール地点に観客席を設置して、有料化する。それを各大学の奨学金や強化費に充てるといったアイデアを山ほど出してきましたが、すべて叩かれています。それはもう、私としても織り込み済みで、揺さぶり続けることが「岩盤破壊」につながると思っています。

具体策を出して叩かれたとしても、それにへこたれない精神力がポスト・コロナの時代、リーダーには求められます。これは私自身に言い聞かせていることでもあります。

打たれ強さというのは、リーダーに必要な資質です。人生50年以上生きてきて感じるのは、そうした強さというものは大人になってから得られるものではなく、学生のころから改革マインドを持って物事を考えていかないと体得できないということです。上から言われたことにハイ、ハイとばかり答えているイエスマンでは、こんな発想は身につきません。

必要なことは、「是々非々」の関係を作っていくことです。いいものはいい、悪いものは悪いと年齢なんか関係なく話し合える人間関係を作っていく。日本人は、「坊主憎けりゃ袈裟まで憎い」といって、どこかひとつでも気に入らない部分があると、すべてを嫌ってしまう傾向が強い。問題や課題の分離ができないのです。これは日本人の大きな弱点で、是々非々対応ができなくなります。

いま、大切なのは指導者と学生がともに話し合い、誰が言ったかということには関係なく、何が正しくて、何がダメなのかを考える組織、文化を醸成していくことでしょう。

終わりにかえて——改革する思考こそが、日本を変えられる！

今回の本を書くにあたっては、熱くなりすぎたかもしれません。しかし、どうしても私はそうせざるを得なかった。コロナウイルス禍に直面し、「日本って、大学って、このままでいいの？」という疑問が湧いてきて仕方がなかったからです。改めて、自分の仕事における立ち位置、発想を見直す機会になりましたが、どんな状況になったとしても、「改革する思考」を実践するにあたって必要なことを、私はこう考えています。

・理念を持つこと
・ビジョンを示すこと
・覚悟を持つこと

これが思考するプロセス、そして組織が成功するための3点セットです。青山学院は常に頂点を狙う組織であり、大会結果によって私の指導力は判断されます。しかし、それが唯一のゴールでもないな、と思うようになりました。卒業後、私の元を巣立っていった選手たちがどんな男になるのか、どんな人間になるのか、そちらも同じように大切だと考えています。

箱根駅伝の優勝メンバーが20代後半になるにつれ、青学出身選手たちの活躍が目立つようになってきましたが、本当のところをいえば、実業団でも競技を続ける選手の比率が少ないのが青学だと感じています。たとえば、２０１７年の箱根駅伝で優勝したチームの主将、安藤悠哉、関東インカレハーフマラソンで2年連続優勝の池田生成（現・ブルボン）は競技を続ける実力は十分にあったと思いますが、卒業後はきっぱりと競技生活からは引退しました。２０２０年の卒業生、吉田祐也も実力は十分にあったにもかかわらず、当初は一般企業への就職を考えていたわけです。それはなぜか？

私は、部内の意識の高さの反映だと思っています。卒業後も競技を続けるには中途半端な覚悟では続けられないことを、仲間の意識から察知するのだと思います。「この程度では、実業団に行っても通用しない」という意識にならざるを得ないと思うのです。その反面、橋本崚や小椋裕介のように、トップを目指す覚悟を持てば、日本代表になるチャンスも芽生えてくる。

考えるからこそ、競技から離れる決断もできれば、トップを目指す意志を持つこともできる。改革する思考を身につけていれば、いずれかの分野で成功する確率は高くなるはずです。

レジリエンスという発想も大切です

改革する思考においては、挫折体験も大切だと考えています。挫折は人間を強くします。ここで思い浮かぶのが、「レジリエンス」という言葉です。どういう意味かというと、HRビジョンの「人事労務用語辞典」の解説では、次のように書かれています。

「『復元力、回復力、弾力』などと訳される言葉で、近年は特に『困難な状況にもかかわらず、しなやかに適応して生き延びる力』という心理学的な意味で使われるケースが増えています」

復元力や回復力とはどんなものか。たとえば、背の高い葦が風に吹かれて倒れたとします。しかし、葦には元通りに戻る力がある。この力がレジリエンスです。

青山学院大を指導して10年以上が経ちましたが、現役、そして青学を巣立っていった選手たちを見ていると、このレジリエンスの力がとても重要だと気づきました。

新型コロナウイルスの影響で、日本のすべての人が自粛を求められ、それに従って行動様式を変えました。町田寮で生活する選手たちも、当然我慢を強いられました。本当は、遊びたい盛りの青年たちです。ずいぶんと我慢を重ね、ストレスも溜まったに違いありません。では、こうした時間はネガティブなものかというと、行動によっては、そうとも言い切れないのです。自粛期間中、溜まりに溜まったエネルギーをポジティブな方向へと発散させる。それができる選手こそが、2020年の秋以降、ブレイクするのではないかと私は期待しているのです。これがレジリエンスです。

レジリエンスの考え方で興味深いのは、吹く風が強ければ強いほど、葦の倒れる角度は深くなるということです。風が強ければ倒されたままになってしまうかもしれない。しかし、ひとたび復元力を持つとどうなるか？　反発力は倒れる角度が大きければ大きいほど、強くなるのです。

つまり、どん底を味わった人間の反発力は強い。

これは私が指導現場で感じていることと一致します。吉田祐也は報道でも知られるようになりましたが、2年、3年と箱根駅伝の登録メンバー、16名のなかに入っていました。優勝した2018年、2位となったものの2019年の青学のメンバーは質が高く、吉田はボーダーラインの選手であり、最終的に私は彼を起用しませんでした。ただし、彼が走っていれば区間によっては区間賞を争う走りをしたと、私は保証します。

走れそうで、走れない。これは選手にとっては大きな挫折です。吉田も4年生を迎え、かなり精神的に追い込まれていたとは思いますが、5月にあった関東インカレのハーフマラソンで学内トップの成績を収め、夏合宿も順調にこなしていきました。吉田は自らの走りで信頼度を増し、駅伝シーズンへと突入したわけですが、2020年の箱根駅伝での4区の走りは素晴らしかった。東洋大の相澤晃君が持っていた記録を破る区間新。私は吉田の後方を走る運営管理車に乗っていましたが、1km、5kmごとのラップを見て鳥肌が立ちました。そして中継所手前になって、思わず、こう言ってしまったのです。

「吉田、お前すごいよ！」

さらに吉田は、2020年2月2日に行われた別府大分毎日マラソンで、2時間8分30秒という記録で3位に入り、GMOインターネットグループで競技生活を続行することになりました。箱根と別大毎日マラソン2本の走りで吉田は人生を変えたのです。

人生を変える走り。吉田は私の想像を超えるレジリエンスを発揮してくれました。

吉田祐也の4年間を振り返ってみれば、彼は本当によく練習ができていました。それでも、上級生のスターたちが輝いていて、日の当たる道を走れなかった。しかし、腐ることなく、吉田は最終学年でさらに練習量を増やしていました。吉田の生き方を見ていると、やっぱり人間は日の当たる道ばかりを歩んでいるよりも、ハングリー精神があったほうが強くなれる。そう思うのです。

それは私自身の経験とリンクしています。一度は陸上界から消えた男が、いきなり青山学院大の監督としてその世界に戻ってきた。箱根駅伝の経験もなく、卒業生でもない立場で。その根底にあったのは、悔しさです。その悔しさが自分でも知らないうちにどんどん蓄積されていた。そのエネルギーが時間をかけて解放された気がするのです。

まさに、レジリエンスです。

挫折があったからこそ、あれだけのパワーが生まれたのだと私は思います。

組織にとってのレジリエンス

青山学院にとって、2020年のチャレンジは進行中です。つらい時期が続いたからこそ、組織としてのレジリエンスをなんとしても発揮したい。

いくら初夏まで感染を抑えられたからといって、油断はなりません。注意深く行動し続けることに変わりはありませんが、時間が経てば謎の多い新型コロナウイルスの正体も徐々に明らかになっていくでしょう。ひょっとしたら、効果的な薬が見つかるかもしれません し、2021年以降にワクチンが開発されるかもしれない。ウイルスには変異の可能性が指摘されていますが、時間が経てばリスクは減っていくと考えるのが常識ではないでしょうか。

学生を預かる立場から見えてきたのは、自分で物事を考えることの大切さであり、「おかしいな」と思ったことに関しては徹底的に調べ、考え抜くこと。大人たちは、全国一斉の休校要請や、春夏の甲子園、インターハイの中止が正しい判断だったのかどうか、議論をすべきだと思っています。

また、休校要請については、年齢別の感染リスクを考慮してから判断しても良かったように思います。小中学生、高校生に関しては発症例はあったものの、重症化したという報道は6月の時点までありませんでした。大学生に関しては、主に卒業旅行で海外から帰国した学生が、その後、送別会などに出席し、そこからクラスターが発生した事例もありましたから、休校要請は必要だったのかもしれません。大学の教員としては卒業生と会えない寂しさはありましたが、結果的には正しい判断だったのでしょう。

このように、同じ学校とはいっても判断するための材料は変わってきますから、すべて一律に判断することは難しい。だからこそ、手持ちのデータ、エビデンスを見て、考えることが重要だと一連の流れで私は身に染みて感じました。

課外活動の自粛は、正しかったのでしょうか？

そしてまた、課外活動の自粛も必要なことだったのかどうか、検証する必要があると思われます。もしも、第2波、第3波が来た時に、どのような対応をとるべきか、準備しておく必要があるからです。

２０２０年の箱根駅伝に出場したチームの状況を調べてみると、早稲田大学、東洋大学、順天堂大学については大学の指示によって合宿所を閉鎖せざるを得なかったようです。そのほかの大学についても、一定の割合で選手は帰省しています。

そしてまた、東海大、國學院大、早大、駒澤大、東洋大、日本体育大については大学のグラウンドが閉鎖されてしまい、選手たちはトラックでの練習ができなかったようです。

いずれも、大学の方針に従っての活動自粛ですが、こうした措置は本当に必要だったのでしょうか？「あの時点での判断は、仕方がなかったのではないか？」という意見もあるでしょう。しかし、議論を尽くしたものではなく、大学側としては「キャンパス内からは感染者をひとりも出さないようにする」ため、すべての活動を一律に停止させてしまったのではないでしょうか。

こうした判断は、その決定プロセスをじっくりと検証しなければなりません。学生の未来を守るためにも。

事実として、青山学院の陸上部からひとりとして感染者は出ませんでした。われわれには年間を通じた感染症予防策、さらには冬季のインフルエンザ対策が重要であることは文中にも記しました。今回も、その対策は有効であったと思われます。それに加え、学生たちはオンライン授業に移行したことで電車での通学がなくなり、キャンパス内での感染もありません。ただし、外界との接触がゼロだったかというと、練習で外には出ますし、買い物には出かけます。ゼロリスクとは言い切れませんが、これ以上の予防策は不可能と思えるレベルで対策を講じた上で、練習と寮での生活を継続したのです。

新型コロナウイルスへの各大学の対応

大学	寮生活	練習環境(6月末時点)
青山学院大	続行	
東海大	約2/3の選手が帰省	大学グラウンド閉鎖
國學院大	約1/4の選手が帰省	大学グラウンド一時閉鎖、6月上旬に開放
帝京大	ほぼ続行	
東京国際大	ほぼ続行	
明治大	約1/4の選手が帰省	
早稲田大	3月下旬、大学の指示により閉寮	大学グラウンド閉鎖
駒澤大	ほぼ続行	大学グラウンド一時閉鎖、6月上旬に開放
創価大	約1/2の選手が帰省	
東洋大	3月下旬、大学の指示により閉寮	大学グラウンド閉鎖
中央学院大	ほぼ続行	
中央大	約1/4の選手が帰省	
拓殖大	約2/3の選手が帰省	
順天堂大	4月上旬、大学の指示により閉寮	
法政大	約1/3の選手が帰省	
神奈川大	約1/2の選手が帰省	
日本体育大	約1/5の選手が帰省	大学グラウンド閉鎖
日本大	約1/2の選手が帰省	
国士舘大	約1/2の選手が帰省	
筑波大	選手寮なし。民間アパート等に5名、帰省せず	

新型コロナウイルス禍によって、各大学の陸上競技部がどういった対応をとったかを陸上関係者へ独自に聞き取り調査を行った。この対応が結果にどう結びつくか今後の調査が必要だ（原晋調べ）

その結果、感染者は出なかった。おそらく、自分たちの生活を律する強い意志と、日ごろの感染症対策を徹底すれば、箱根駅伝を目指す大学の陸上部から、感染者が出るリスクは低かったのではないでしょうか。

だからこそ、私は思うのです。緊急事態宣言や、東京アラート、そしてまた大学の施設の閉鎖は、学生たちが成長する可能性を奪うリスクを考えての決断だったのか、と。学生の最大幸福、最大利益を提供する場が大学のはずです。それなのに、出口戦略を示さないまま、学生の活動の機会を奪ってしまったことは、責任を放棄していることになってしまうのではないでしょうか。

幸いなことに、わが青山学院大学では一律に部活動を停止させられるようなことにはなりませんでした。青学には、強化指定部がいくつかありますが、大学側は一斉に活動の自粛を要請するわけではなく、それぞれの部の環境に応じ、活動するか否かを検討する期間が設けられました。専用寮の有無、練習場所へ向かうには公共交通機関を利用する必要があるか否か。競技の特性、部の環境によって判断が異なってくるのは当然でしょう。これが大人の知恵です。

それを大学によっては一律に、すべて活動を停止させるというのは、「思考停止」と一緒ではないでしょうか。

学問を学ぶ場なのに、残念としか言いようがありません。私は、教職員が先頭に立って考えることを示す絶好のチャンスだったと思います。大多数の現場では、それを逃してしまったのではないかと思うと、残念でなりません。

キャンパスに学生がいないというのは、さびしいものです

2020年は7月の声を聞いても、キャンパスには学生たちの声が響くことはありませんでした。どの大学もほとんどオンライン授業に移行し、そのスタイルが定着しつつあります。一方で、大学の周辺で学生相手に商売をしていたお店の方々は、たいへんな状況に陥っているようです。大学は、大学だけで完結しているのではなく、町、そして社会の中心的な存在であることを改めて実感しています。

いつ、どのタイミングで学生たちはキャンパスに戻ってくることができるのか。オンライン授業の定着によって感染のリスクが減っているのは分かりますが、果たしてすべてオンライン授業のままでいいのか？　と私には疑問が残ります。

文中で書いたように、私自身はリモート環境の整備は進めます。それは時代の流れとしてあらがいようのないものであることが、予見できるからです。しかし、そうなると逆らいたくなるのです。潮目に逆らって泳ぎ、敢えて坂を上りたくなります。

オンライン授業が当たり前になったら、かえって対面での授業やゼミに価値が出るのではないですか？　おそらく近い将来、オンライン授業と対面形式の密度の濃い授業の組み合わせが大学教育のスタンダードになっていくでしょう。大教室での授業は淘汰されていくはずです。まずは、リモートで知識の土台を作り、そこから対面による細かい教育を施すという、「ハイブリッド教育」が主流になっていくはずです。

なぜ、こうしたことを書き留めておくかというと、一律、一斉に「リモート教育にはメリットがある」という流れが生まれるのではないか、という不安があるからです。

コロナウイルス禍の間に、大学も9月入学の議論が一時、ホットな話題となりました。さすがに、2021年から9月入学を実施するというのは乱暴だったように思いますが、一時は秋入学の流れが作られそうになっていました。そして、その後はその議論は一気に消滅してしまいます。

私から見れば、両極端に意見が振れてしまうのが怖いのです。なぜ、建設的な議論ができないのでしょうか？　やはり個々人に、改革する思考がないからだと思うのです。改革発想がなければ、議論が行われていても「ああ、偉い人たちがなんだか言い合っている」で終わってしまう。これは、自分ごととして物事を捉えることができない悲劇です。私の嫌いな傍観者的な態度に他なりません。

今回のコロナウイルス禍でポジティブな面があったとするなら、政府、学校といった意思決定機関の考えていることが、自分たちの生活に直結していることを、個人が実感したことだと思います。中小企業などに対する持続化給付金や、ひとり10万円の特別定額給付金など、すべて自分ごととして捉えられたはずです。たとえば、町田寮に住む選手たちは、現住所を町田に移していれば、自分で申請しなければ給付金が支給されることはありません。一方で、実家に現住所を残したままの場合、親御さんの口座にお金が振り込まれることが多いでしょう。給付金ひとつとってみても、自分ごととして捉えないといけなかったわけです。

私は空気なんか読みませんよ。絶対に

一律に行動するということは、一生懸命生きていればあり得ないのです。

ムードや雰囲気に流されてはいけません。私は「空気を読めよ」という言葉も大嫌いです。

私は空気なんか読んだことはありません。たとえば、関東学連では監督会議というものが開かれます。監督の発言機会をカウントしていったら、10のうち約半分は私の発言です。他の監督さんたちは、黙っていることが多いのですが、私は黙っていることなんてできない。おかしいと思ったこと、学生のためにならないと思ったことがあれば、躊躇なく発言してきましたし、これからもそれを続けます。発言しない限り、改革などできないからです。

でも、日本ではこうした態度が好まれないのです。組織に波風を立てる人間というものは……。

たとえば、経済界でも同じような事例があります。私は常々、株主総会の報道について疑問を持っていました。質問や意見がたくさん出たとなると、「総会は紛糾」という報道がなされます。私は「質問が出ない方がおかしいだろう」と思ってしまいます。ひとつも疑問がないだなんて、そんなことはあり得ない。もしも、数分で株主総会が終わったとし

たら、よっぽど風通しのいい会社か、株主がその企業について興味がないかのどちらかでしょう。

私は、会議自体をぶっ壊そうと思って発言しているのではありません。学生の活動にとって一番いい方法はなにか、それを議論する場だからこそ、発言しているのです。私が異端視されてしまうことが、実は残念でならないのです。

それでも、私がこうして空気を読むことなく行動しているからこそ、適切な判断が下せるのだと自負しています。まさに、レジリエンス。ふだんから、上からの「要請」に唯々諾々と従っていたら、2020年の上半期にしっかりと活動できたかどうか甚だ疑問です。

黙って従うことを尊ぶ文化は、もうやめにしませんか？

質の高いフォロワーシップを発揮しましょう

一律、一斉に行動や思考を流されてしまうのは、建設的な「フォロワーシップ」とはとても言えません。

フォロワーシップとは、組織においてリーダーを支える構成員たちの「生き方」や「あり方」のようなものでしょうか。フォロワーシップというのは、ただただリーダーについていくだけでは実のあるものとはなりません。私が提唱するように、自分が所属している組織、集団を成長させるために常に考え、意見を出し、実行していくことが求められます。

日本ではフォロワーシップのことが、しっかり理解されていない気がします。リーダーの指示することに素直に従うことがフォロワーシップだと思っていませんか？　大間違いです。もしもリーダーが間違ったらどうします？　それでもついていきますか？　それで生活が困窮したり、下手をすると命を落とすことだってあるかもしれない。空気を読んでばかりいたら、そうしたことに直面するかもしれません。

私は青山学院の陸上部ではリーダーですが、より大局に立ってみれば、日本国民であり、東京都民としてはフォロワーでもあるわけです。思考停止していたら、自分が属する集団が間違った方向に進んだ時に気づかないかもしれない。適切なフォロワーシップというものは、自分で考え、そして意見を言うことです。これはクレーマーとは違います。熟考し、建設的な意見を言うことがフォロワーシップの真髄でしょう。そしてフォロワーがしっかりしていれば、リーダーもまた成長することが可能になる。つまり、リーダーには良きフォロワーシップが必要ですし、その逆もまた真なり。

幸い、私は発言力がある学生たちに囲まれ、リーダーとして結果を残すことができています。たとえば、学生から、「監督、この合宿の意味はどこにあるんですか？」という質問が出てくることは大歓迎です。

なぜなら、その質問に答えるためには私自身が練習プランや具体的なメソッドについて科学的、論理的に考えなければならず、加えて、学生を説得するためのプレゼンテーション力も磨かなければならないからです。

指導者は、なにも質問がないことを喜んではダメです。質問、意見がないことを「素直な生徒たちが集まっている」と肯定的に捉えてしまっては、指導者としての成長が止まってしまいます。

組織として強くなるためには、自分で考え、空気を読まずに発言する人間をどんどん育てなければなりません。

2020年3月、私が活動の続行を決断したときに、その決定に疑問を呈した学生がいたことで、より深く学生たちの発想に気づくことができました。

これが本来の教育なんだな、と実感しました。

教え、教えられ、共に成長する。

同じような行動様式をとってばかりでは、成長する機会は奪われてしまいます。考えれば、答えは見えてくるのです。

いま、世界は様々なリスクと向き合っています。ゼロリスクの世の中は存在しません。リーダーは、いや、人間一人ひとりがどうリスクをとるのか、新型コロナウイルスについていえば、どのように共存するかを考える必要があります。

改革する思考を持って、社会を変えていきませんか？　自分だけが満足するのではなく、他者とのかかわりのなかで、組織をより良いものにしていこうという思いが大切です。そしてそうした発想が習慣化することによって、個人の生活、私たちが住む日常の質が高まっていくはずです。

私は青山学院の学生たちと向き合うことで、発想力を磨くことができました。深く、深く、学生に感謝しています。

学生たちは私よりも長く生きます。きっと、教え子たちは改革する思考を持って、生きていくことでしょう。私にはそのイメージが浮かんできます。

改革する思考は、「タスキ」となって、未来の日本へつながっていくと、私は信じています。

2020年7月　原晋

原 晋（はらすすむ）

青山学院大学陸上競技部監督。同大学地球社会共生学部教授。1967年、広島県生まれ。世羅高校では全国高校駅伝準優勝。中京大学では日本インカレ5000mで3位入賞。89年に中国電力陸上競技部1期生で入部、故障に悩み5年目で競技生活を終え、同社でサラリーマンとして再スタート。その後、営業マンとして新商品を全社で最も売り上げ、「伝説の営業マン」と呼ばれる。2004年に現職に。09年に同校を33年振り箱根駅伝出場、15年に箱根駅伝初優勝に導いた。16年の箱根駅伝では連覇と39年振りの完全優勝を達成。17年に箱根駅伝3年連続総合優勝、大学駅伝3冠。18年には大会新記録で箱根駅伝4連覇。20年には大会新記録で王座奪還を果たす。

撮影　高波邦行
ブックデザイン　アルビレオ
取材・構成　生島 淳
本文DTP　新野 亨
校正　鴎来堂

改革《かいかく》する思考《しこう》

2020年7月30日　初版発行
2022年3月20日　再版発行

著者／原 晋《はら すすむ》
発行者／青柳 昌行
発行／株式会社KADOKAWA
〒102-8177　東京都千代田区富士見2-13-3
電話　0570-002-301（ナビダイヤル）

印刷所／大日本印刷株式会社

●お問い合わせ
https://www.kadokawa.co.jp/（「お問い合わせ」へお進みください）
※内容によっては、お答えできない場合があります。
※サポートは日本国内のみとさせていただきます。
※Japanese text only

定価はカバーに表示してあります。

ISBN 978-4-04-896807-2　C0075